Dr. Les Parrott

Prólogo de John Maxwell

3 Segundos

El poder de pensar dos veces

Vida®

La misión de Editorial Vida es ser la compañía líder en comunicación cristiana que satisfaga las necesidades de las personas, con recursos cuyo contenido glorifique a Jesucristo y promueva principios bíblicos.

Vida®

3 SEGUNDOS
Edición en español publicada por
Editorial Vida – 2009

Traducción: *Alicia Guerci*
Edición: *Marta Díaz*
Diseño interior: *Yolanda Bravo*
Diseño de cubierta: *Cathy Spee*

ISBN: 978-0-8297-5173-4

CATEGORÍA: Vida cristiana / Crecimiento personal

IMPRESO EN ESTADOS UNIDOS DE AMÉRICA
PRINTED IN THE UNITED STATES OF AMERICA

09 10 11 12 ❖ 6 5 4 3 2 1

Dedicado a Kevin Small
Un hombre que nunca sabrá cuánto me enseñó
acerca de asumir un buen desafío

Contenido

La libertad humana abarca la
capacidad de poder hacer una pausa
para decidir dónde deseamos colocar
todo nuestro empeño.

Rollo May

Prólogo de John C. Maxwell

Leí el primer capítulo de este libro poco después de que Les lo escribiera. En realidad, lo leí antes que cualquier otra persona... incluso el editor.

Estaba en mi oficina cuando me llamó por teléfono desde su casa en Seattle y me dijo:

—John, quiero comentarte una idea de la que nunca escuché hablar a nadie.

Le presté atención de inmediato. Les es uno de los pensadores más perspicaces que conozco, y su capacitación como psicólogo hace que sea especialmente profundo en sus conceptos.

—Cuanto más estudio lo que diferencia a una persona que sobresale de otra que no lo hace —dijo—, más me convenzo de que, por lo general, se trata de tan solo tres segundos.

Les tiene una manera de lograr que casi todos estén sentados al borde de la silla cuando habla. Lo he visto hacer esto ante audiencias de miles de personas, y sin ninguna duda, ese día me dejó intrigado.

—¿Tres segundos? —le pregunté lentamente ya que sabía que tenía la intención de hacerme despertar interés en el tema.

—Así es. Solo tres segundos. Algunos estudios han demostrado que esa es la cantidad de tiempo que se requiere para redirigir un impulso negativo en el cerebro humano —dijo Les.

—No solo eso —continuó diciendo—, sino que descubrí media docena de impulsos habituales que casi siempre conducen a la mediocridad... a menos que hagamos una pausa y lo pensemos otra vez.

Quedé atrapado. Les comenzó a contarme sobre esos impulsos autodestructivos pero lo detuve en seco:

—Les, por la forma como hablas me doy cuenta de que estás escribiendo otro libro, y quiero verlo.

Les ha escrito tanta cantidad de libros como la que ciertas personas han llegado a leer en toda su vida. En mi biblioteca tengo un estante repleto de ellos, y suelo regalarles copias a mis hijos, a mis amigos y al personal que trabaja conmigo.

Esa misma tarde me envió por correo electrónico el primer capítulo del libro que tienes en tus manos y de inmediato observé que estaba envuelto en una tarea importante. ¡Muy importante! Rápidamente me convertí en creyente en «el poder de pensar dos veces». Y a ti te sucederá lo mismo. Si interiorizas el mensaje que Les expone en este libro y estudias la estrategia que propone para superar seis de los impulsos negativos más comunes que experimentamos, readiestrarás tu cerebro y avanzarás hacia un nivel de éxito totalmente nuevo.

En lenguaje sencillo, el Dr. Parrott te muestra cómo una pausa momentánea de solo tres segundos puede realzar toda tu vida. No puedo imaginar a alguien a quien este libro no le resulte invalorable. Si eres un líder, deberías adquirirlo por el contenido que desarrolla y regalárselo al personal que trabaja contigo. Toda persona que desee desplegar sus recursos internos y lograr un estilo de vida mejor debe leer este libro.

El poder de pensar dos veces

Deja que pase el primer impulso y espera el segundo.

Baltasar Gracian

Tres segundos separan a aquellos que «dan todo de sí» para lograr algo, de los que «ni siquiera lo piensan»... literalmente. Tres segundos. Este breve lapso mediador es todo lo que separa a los que aceptan simplemente «lo que sea» de aquellos que no se conforman con nada menos que todo «lo que sea necesario».

¿Cómo puede marcar tanta diferencia un período de tiempo tan corto? Todo se reduce a seis impulsos predecibles que la mayoría de la gente acepta de manera automática sin pensarlo por segunda vez. En un sentido bastante literal, no consideramos otras alternativas a esos impulsos porque son hábitos inconscientes que se fueron incorporando al cerebro. La rutina de aceptar cualquiera de estos seis impulsos habituales de manera involuntaria elimina la posibilidad de desplegar la grandeza que tenemos en nuestro interior. Sin saberlo, nos limitamos a vivir una vida sin muchos logros, y todo se debe a que le damos rienda suelta al primer impulso sin pensarlo dos veces.

Por el contrario, si hiciéramos una pausa momentánea de solo tres segundos frente a cualquiera de estos seis impulsos habituales, en seguida observaríamos que surge otro impulso. Y es este segundo impulso el que nos coloca en un sendero más elevado; el que revela la libertad que tenemos para destacarnos... para pasar de «lo que sea» a «lo que sea necesario».

Las personas que están dispuestas a hacer todo «lo que sea necesario» forman mejores equipos, ganan más respeto y logran mejores resultados debido a esta cualidad. La mentalidad que poseen define todo lo que hacen y cómo actúan frente a las situaciones que experimentan. ¿Se trata simplemente de que tienen suerte en la vida? ¿Han sido bendecidas con una manera de pensar que las lleva a alcanzar el éxito sin esfuerzo? De ninguna manera.

> Concédenos una breve demora. La impulsividad aplicada a todo es semejante a un siervo inútil.
> **Caecilius Statius**

Esta cualidad atractiva e invisible más que hereditaria es algo que se perfecciona. Es un espíritu cautivante factible de ser enseñado y captado. Durante mucho tiempo se ha visto limitado por la falsa impresión de que «lo» tienes o no. Este libro trata acerca de cómo modificar esa conjetura..

La falacia del primer instinto

El renombrado psicólogo Rollo May dijo: «La libertad humana abarca la capacidad de poder hacer una pausa para decidir dónde deseamos colocar todo nuestro empeño». Esta libertad para escoger «la reacción apropiada», aquella que te puede elevar a un nuevo nivel de vida, es lo que intento ayudarte a experimentar.

Como psicólogo y profesor universitario estoy habituado a escuchar acerca del consejo que indica que hay que seguir el primer impulso. Si alguna vez te presentaste a un examen de admisión donde tenías que elegir entre varias respuestas, probablemente te dijeron que no cambiaras la que elegiste en primer lugar, aun cuando al pensarlo por segunda vez creyeras que tal vez la respuesta correcta fuera otra. La sabiduría común en este caso considera que lo mejor son los instintos iniciales, pero las investigaciones en realidad demuestran que esta no es una buena estrategia. De hecho, treinta y tres estudios realizados durante un período de setenta años sugieren que actuar en función del primer instinto *no* constituye un enfoque inteligente. Los investigadores descubrieron que cuando los que toman exámenes consideran una segunda alternativa y cambian las respuestas, por lo general van de lo *incorrecto* a lo *correcto*, y de este modo mejoran las calificaciones. Los investigadores de la Universidad de Illinois lo denominan «la falacia del primer instinto»,[1] y este concepto sigue vigente a pesar de la gran cantidad de pruebas en su contra.

Ahora bien, permíteme aclarar bien el concepto. No estoy diciendo que siempre tengas que descartar el primer impulso que aparezca. En absoluto. En realidad, con solo considerar uno de los libros de mayor venta de Malcolm Gladwell titulado *Blink* [Parpadeo] se observa la verdad indiscutible de que nuestros primeros instintos a menudo suelen ser brillantes. En cambio, a lo que yo me refiero es que en lo que respecta a los seis impulsos específicos que estoy a punto de desarrollar, las pruebas son sumamente claras de que *no* te benefician en absoluto. De hecho, estos impulsos son directamente perjudiciales. No obstante, tal como sucede con aquellos que toman un examen dominados por el pánico, parece ser que nosotros también aceptamos el antiguo refrán que dice que debemos seguir el primer impulso.

> Si tu intuición demuestra ser acertada, estabas inspirado; si es errónea, eres culpable de ceder ante un impulso irreflexivo.
>
> **Beryl Markham**

Los seis impulsos que nunca dan buen resultado

Es casi innecesario un estudio científico para demostrarte que estos seis instintos son perjudiciales. Cuando se presentan, sabes —si bien, instintivamente— que no vale la pena perseguirlos. Pero por determinadas razones que vamos a desarrollar en los capítulos

El impulso de...
Renunciar antes de intentar... *porque sentimos que somos ineficaces.*
Rechazar un desafío... *porque parece intimidante.*
Conformarse con el status quo... *debido a nuestra falta de visión.*
Evadir las responsabilidades... *porque es más fácil culpar a otros.*
Realizar el menor esfuerzo... *porque eso es todo lo que se espera.*
Evitar ponerse en acción... *porque tememos fracasar.*

siguientes, la gran mayoría de la gente continúa cediendo a estos seis impulsos una y otra vez.

Cada uno de estos impulsos es autodestructivo. No hacen nada para engrandecer nuestra vida. En un sentido, son una manera engreída de decirle a la vida simplemente «lo que sea». No obstante, día tras día cedemos ante ellos una y otra vez... a pesar de los resultados perjudiciales.

¿Hay más impulsos ineficaces aparte de estos seis? Desde luego. Pero esta media docena es más que suficiente para reflexionar. Permíteme explicarlo.

1. El impulso de renunciar antes de intentar

Cuando te enfrentas a un problema que al parecer escapa a tu control, sin duda te sientes incapaz... si cedes ante el primer impulso. Dices: «No hay nada que pueda hacer con respecto a esto».

> La ambigüedad y la mediocridad no inspiran a nadie a hacer nada.
> **Adrian Rogers**

Gary, un director de marketing, tiene un cliente que quiere cambiar la combinación de colores de un folleto que acaban de enviar a la imprenta. «Lo lamento, pero ya es demasiado tarde», le dice Gary a su cliente. «Ya salió para la imprenta y en este momento está fuera de mis posibilidades». El cliente, desesperado por realizar el cambio, llama más tarde y habla con otra persona que trabaja en el mismo departamento que Gary. Esta le responde: «Déjeme llamar a la imprenta. Si aún no han empezado a imprimirlo, estamos a tiempo para hacer los cambios». Y el cambio se hizo.

Ahora bien, ¿con quién te parece que ese cliente desea tratar de ahora en adelante? En solo una interacción, Gary perdió su credibilidad. Si hubiera dedicado un instante para reconsiderar su primer impulso, habría cambiado el curso de su relación con el cliente.

2. El impulso de rechazar un desafío

Cuando te enfrentas con un desafío que parece ir más allá de tus capacidades, sin duda te sientes abrumado... si cedes ante el primer impulso. Te dices: «Es demasiado difícil para siquiera intentarlo». Pero si le prestas atención a ese mensaje, jamás vas a descubrir lo que suele ser cierto: que eres mucho más capaz de enfrentar ese de-safío de lo que te imaginas.

> Las personas que creen que tienen poder para controlar en cierta medida sus vidas son más saludables, más eficientes y más exitosas que aquellas que carecen de fe en su capacidad para efectuar cambios en sus vidas.
>
> **Albert Bandura**

Considera el caso de Sandra, una gerente contable cuyo jefe le pide que entregue a la junta directiva un informe sustancial en tan solo tres días. «Eso es imposible», responde Sandra bruscamente. «Solo para reunir la información haría falta por lo menos una semana». Su jefe suspira y le dice mientras ella sale de la oficina: «Haz lo que puedas».

Ahora bien, compara la respuesta de Sandra con la de Tina cuando le piden lo mismo. Tina se siente tentada a responder igual, pero hace una pausa durante unos pocos segundos y deja que surja una nueva reacción. Con una nueva perspectiva optimista, responde: «Va a ser difícil, pero lo voy a intentar». No hace falta que te diga cómo se siente el jefe frente a esto. Y ¿adivina quién va a merecer un codiciado ascenso en el trabajo cuando surja la posibilidad? ¿Sandra o Tina?

3. El impulso de conformarse con el status quo

Cuando tienes la oportunidad de hacer lo que sueñas, lo que anhela tu corazón, sin duda te sientes insatisfecho... si cedes ante el primer impulso. Dirás: «Haré simplemente lo que se me cruce en el camino».

Stuart se esforzó para completar los estudios universitarios y se graduó con el título de ingeniero. No fue porque la ingeniería le agradara de manera particular, sino porque no le resultó muy difícil y también porque sus padres estaban muy complacidos de que siguiera esa carrera. Mientras estudiaba, trabajó en una gran variedad de empleos que iban desde empacador de comestibles en supermercados hasta embargador. No obstante, lo que tenían en común todos esos empleos era que el trabajo se relacionaba directamente con los clientes. Y en algún momento de los cuatro años que estuvo en la universidad, Stuart descubrió que tenía pasión por todo lo referente al servicio al consumidor.

Ya pasaron casi cuarenta años y Stuart aún no ha desempeñado ningún trabajo en el campo de la ingeniería. En cambio, estuvo toda la vida trabajando en áreas de venta y servicio al cliente. Algunas personas (en ocasiones incluso sus padres) opinan que «desperdició» cuatro años de su vida. Stuart ve las cosas de manera diferente. A todos los que tienen interés en escuchar su historia les dice que la decisión que tomó durante su carrera universitaria (hacer lo que le apasionaba) impidió que malgastara *cuarenta* años de su vida.

4. El impulso de evadir las responsabilidades

Cuando te encuentras en un gran aprieto y buscas excusas o formas de culpar a alguien, sin duda te pones a la defensiva... si cedes ante el primer impulso. Te verás tentado a decir: «No es problema mío».

Me pregunto cuántos incidentes relacionados con discusiones por problemas de tránsito se le pueden atribuir al impulso defensivo. En las calles cercanas a mi casa soy testigo tanto del impulso de actuar a la defensiva como del impulso de asumir la responsabilidad... y a menudo se ponen de manifiesto en la misma situación. Es cierto que algunos conductores se cruzan frente a otros de manera intencional o por imprudencia, pero la mayoría de la gente lo hace accidentalmente. Imagínate que otro vehículo te impida avanzar en medio del tránsito. Diriges la mirada hacia los ojos que se reflejan en el espejo retrovisor del automóvil infractor y ves que el conductor te mira sorprendido... y que luego se encoge de hombros y te hace la señal universal de «lo lamento», es decir, un gesto con la mano demostrando su vergüenza. ¿Esto hace que tu enojo hacia el otro conductor aumente o disminuya? La mayoría de la gente sería un poco más condescendiente con esta persona que con otra que siguiera su primer impulso y levantara la mano para hacer *otra* señal universalmente conocida.

> Lo primero que debe hacer toda persona que desee disfrutar del éxito en todas las áreas de su vida es hacerse cargo del diálogo interno que experimenta y solo pensar, decir y comportarse de manera consecuente con los resultados que en verdad desea alcanzar.
> **Sydney Madwed**

5. El impulso de realizar el menor esfuerzo posible

Cuando se te asigna una tarea en el trabajo o en casa, sin duda harás lo mínimo indispensable... si cedes ante el primer impulso. En realidad, la mayoría de la gente actúa de este modo durante los años de escuela primaria y secundaria. Es cierto que algunos estudiantes dedicaban todo su esfuerzo para conseguir un «reconocimiento extra», pero eran una minoría. También es tentador continuar actuando conforme al primer impulso a lo largo de los estudios terciarios y universitarios. Sin embargo, hablo por experiencia personal como profesor universitario cuando digo que el estudiante que recorre la «segunda milla» no solo obtiene la calificación apropiada en la materia que yo enseño, sino que también se gana el respeto y la recomendación de mi parte.

Rhonda ha estado trabajando durante cinco años en el mismo lugar y no puede conseguir que la asciendan a un puesto más importante. No se explica: llega a horario, cumple con su tarea, no causa problemas y hace lo que debe. No obstante, cada vez que queda vacante un puesto superior al de ella, los directores siempre eligen a otro empleado para que ocupe ese cargo. O lo que es aun peor: contratan a alguien de afuera. Su jefe dice que ella simplemente no hace «lo suficiente como para destacarse». En el transcurso de los años, Rhonda le echó la culpa a la discriminación sexual y social, al racismo y a las diferencias de personalidad, pero ahora comenzó a preguntarse... ¿Habrá alguna otra cosa que pueda hacer?

6. El impulso de evitar ponerse en acción

Y finalmente, cuando consideras proyectos que parecen demasiado difíciles de realizar, sin duda pensarás y hablarás del tema sin hacer absolutamente nada... si cedes ante el primer impulso. Dirás: «No estoy preparado para eso, pero tal vez algún día lo esté».

Durante veinte años, una de las metas de Sharon había sido correr un maratón. Le encantaba correr y había participado en competencias de distancias menores, pero seguía posponiendo el maratón para «algún día». Cuando cumplió cuarenta y dos años, sus articulaciones comenzaron a reclamar a gritos algún pasatiempo menos turbulento. De repente, el «algún día» comenzó a ponerse en duda. Todo lo que le quedaba era el ahora, así que Sharon dejó de hablar del maratón y comenzó a entrenarse para correrlo. En el mes de octubre, posterior al festejo de sus cuarenta y tres años, compitió en el Maratón de Chicago y completó el recorrido. Si ella te lo contara, te diría que tuvo la sensación de que estaba a punto de morirse. La cadera le empezó a doler cuando habían transcurrido catorce millas, y fue su firme determinación lo único que la llevó a cruzar la línea de llegada. Sharon suele decir que hubiera deseado correr el maratón cuando era más joven y su cuerpo se encontraba en mejores condiciones para hacerlo. Sin embargo, a ese sentimiento nostálgico siempre le sigue una sonrisa. «Lo que en verdad importa es que *sí lo hizo*, a pesar de lo difícil que fue».

Esta es la promesa que te hago por ser lector de mi libro. Si te comprometes a resistir estos seis impulsos, te demostraré cómo elaborar una alternativa constructiva para cada uno de ellos. Con el paso del tiempo, el segundo impulso casi pasará a ser la segunda naturaleza. Todos los impulsos alternativos te conducirán a un nivel de vida más elevado y, por medio de ellos, se te presentarán otras oportunidades, profundizarás tus relaciones interpersonales y disfrutarás de mayor satisfacción. Todo comienza aprovechando la estrategia de los tres segundos.

¿Por qué «tres segundos» cambian todo?

Todo anunciante de la Avenida Madison sabe que tiene apenas tres segundos para atraparte con su propaganda. Y en este corto período de tiempo no solo tienes que ver el anuncio, sino también evaluar la imagen general, dejarte influenciar por los colores, dirigir la atención hacia la zona de mayor importancia (lo que los anunciantes denominan «heat» [llama]), concentrarte en el mensaje central, absorberlo, identificar el significado que conlleva y luego tomar la decisión de seguir investigando el tema.

Lo mismo sucede en el campo de la labor periodística. El jefe editorial de todo periódico de noticias sabe que posee aproximadamente tres segundos para que una persona se sienta atraída hacia un titular, y que —si aún sigue interesada— dispone de alrededor de tres segundos más para que comience a leer el artículo y decida si desea continuar leyendo el resto. Este es el motivo por el cual se observan titulares de periódicos y tabloides impactantes, breves y con frecuencia sensacionalistas.

Pero lo que sucede en tres segundos en el campo de la página escrita empalidece cuando se lo compara con lo que ocurre en la esfera de interacciones sociales más complejas. Por ejemplo, durante los tres segundos que te lleva pasar por una puerta y darle la mano a una persona para saludarla por primera vez, esta ya emitió interiormente juicios irreversibles acerca de ti. La gente percibe de forma intencional o involuntaria las señales que tú transmites, y reaccionan ante ellas mucho antes de que hayas tenido la oportunidad de decir o hacer algo que tenga sentido.

Todo sucede tan solo en tres segundos.

La mente humana es un artefacto asombroso, capaz de llevar a cabo procesos y análisis increíblemente complejos en cuestión de milisegundos, y lo hace todo de manera automática. No necesita ser entrenada para tomar decisiones inmediatas y apresurar juicios. Pero sí le hace falta aprender sobre los segundos impulsos en caso de que los primeros fallen. A esto se refería Sydney J. Harris cuando dijo: «El arte de vivir consiste en saber qué impulsos debemos obedecer y cuales se deben hacer para obedecer». Desde luego, los seis impulsos que se mencionan en este libro corresponden a la última categoría.

Por lo tanto, ¿qué se requiere para que estos seis impulsos ineficaces cedan ante aquellos que son dignos de nuestras aspiraciones? Hay que hacer una pausa momentánea de tres segundos para considerar qué es lo que deseamos en realidad. Se requiere hacer una suspensión por un instante de nuestra inclinación natural a fin de recordar que tenemos la posibilidad de escoger qué diremos, qué haremos y quiénes seremos. «Cuando se estudia el lenguaje y las conversaciones internas de una persona», dijo Sydney Madwed, «se puede observar que lo que uno piensa y dice sobre sí mismo tiende a convertirse en la influencia decisiva en la vida, ya que la mente le da importancia a aquello donde concentra su atención».

> Una centésima de segundo por aquí, otra por allí; aunque las coloques en forma sucesiva, aun siguen sumando solamente uno, dos, o tal vez tres segundos.
>
> **Robert Doisneau**

Toda persona exitosa ha perfeccionado sus impulsos mediante este método. De manera consciente o no, aprendieron a reemplazar la ineficacia por la eficacia, por ejemplo, haciendo una pausa momentánea para pensar y estimular el segundo impulso. «Estas son personas altamente autocontroladas», dijo C. Robert Cloninger, profesor de psiquiatría de la Universidad de Washington en St. Louis. «Son ingeniosos para perseguir alternativas más eficaces».[2] En otras palabras, las personas exitosas no ceden automáticamente ante las inclinaciones iniciales, no limitan sus elecciones. Son esos tres segundos de reflexión lo que los capacita para escoger alternativas que otros jamás advierten. Son esos tres segundos lo que los faculta para despojarse de su impotencia, asumir un desafío, avivar la pasión, recorrer la segunda milla y todo lo demás.

Antes de que comience la carrera

Hace un par de años, mi amigo Max Helton me invitó para que lo acompañara a la mundialmente famosa carrera de las 500 millas de Indianápolis. Era algo que siempre había querido ver y estaba muy entusiasmado con la invitación. Después de todo, es el evento deportivo de un solo día de duración más visto de todo el mundo, tendiendo en cuenta los que asisten al lugar más la audiencia internacional. «Les», me dijo, «vas a ver en persona y de cerca cómo es el mundo de las carreras de Fórmula Uno». ¡Y no estaba bromeando! No solo hizo arreglos para que conociera a varios miembros de los equipos y conductores de los coches de carrera en el «Gasoline Alley» (zona donde se guardan los coches de carrera), sino que también consiguió un codiciado pase para que pudiera ubicarme en la zona de *boxes* a la altura de las líneas de salida y llegada.

Jamás experimenté nada igual. Aun con tapones para los oídos, el rugir de los poderosos motores es atronador. Y el torbellino de los treinta y tres automóviles con volantes al descubierto completando los giros es algo emocionante. Pero lo que me resultó más asombroso fue la parada en los *boxes*. Por supuesto que aquí es donde el tiempo se torna crucial. Cuando los vehículos se detienen, un equipo de cerca de veinte mecánicos se amontona para trabajar en ese coche en particular a fin de reponer el combustible, cambiar los neumáticos, hacer reparaciones y ajustes mecánicos, y cambiar de conductor si es necesario. Es una verdadera ráfaga de actividad que dura solo unos segundos.

Después de la carrera le pregunté a uno de los miembros del equipo cómo hacían para tomar decisiones tan cruciales con tanta rapidez. Su respuesta fue muy acertada: «Ah, tomamos todas las decisiones mucho antes de que comience la carrera». Me explicó que piensan en todas las posibilidades imaginables que se pueden producir durante una carrera, y que ensayan para hacer exactamente lo necesario en cada situación. «Cuando llega el momento de estar en los *boxes* el día de la carrera, lo que practicamos se convierte en la segunda naturaleza», dijo él.

En base a lo que había presenciado, esto era en efecto así. Cada miembro trabajaba seguro y confiado de que estaba haciendo lo mejor para el equipo. Del mismo modo, la clave para dominar el principio de los tres segundos es tomar una decisión anticipada y practicarla hasta que se convierte en la segunda naturaleza. En este libro vas a aprender cómo tomar algunas decisiones importantes de la vida «antes de que comience la carrera». No importa qué carrera estés corriendo en este momento: estudios, profesión, matrimonio, crianza de hijos, nido vacío o jubilación. Puedes aprender a hacer una pausa de tres segundos y comenzar a evaluar tus decisiones. Hoy mismo puedes comenzar a convertir los segundos impulsos en la segunda naturaleza.

Tres segundos constituyen un porcentaje muy pequeño de los 86.400 segundos que hay en un día, pero son todo lo que necesitas para pasar de lo que eres a lo que deseas ser... para trasladarte de «lo que sea» a «lo que sea necesario».

1

Se requieren tres segundos para... fortalecerte

Confianza es ir en pos de Moby Dick en un bote de remos y llevar la salsa tártara contigo.

Zig Ziglar

«Adiós. Hasta pronto. Gracias por viajar con nosotros».

Le hice una sonrisa y una especie de saludo con la mano a la amigable aeromoza al desembarcar de un avión en el aeropuerto O'Hare de Chicago. Iba camino desde Seattle, la ciudad donde vivo, a Minneapolis para participar como orador en una conferencia. Ansioso por llegar a tiempo para el vuelo de conexión, arrastré mi valija con ruedas junto con el desgastado portafolio hasta llegar frente a la pantalla de la terminal donde se anuncian todos los vuelos. Allí estaba: puerta B-19. Se hallaba apenas a unos pasos de donde me encontraba parado, así que fui caminando. Sin embargo, detrás del mostrador de la puerta B-19 había un cartel electrónico que indicaba que el vuelo se dirigía a Denver en lugar de Minneapolis.

—Disculpe —le dije al agente que estaba en la puerta—, ¿este avión va a Denver?

—No —ni siquiera levantó la vista—. El cartel está atascado y no puedo solucionarlo de ninguna manera.

—¿Entonces va a Minneapolis?

—Sí. Acabo de dar un anuncio sobre eso.

—Claro, no escuché el anuncio porque acabo de llegar, así que...

—Va a Minneapolis —me interrumpió—. Puede tomar asiento.

Luego de eso eché un vistazo a la sala de espera para buscar un lugar donde sentarme. Encontré una silla cerca del mostrador y al lado de una mujer anciana. Me sonrió con un gesto de complicidad como diciendo: *Ya lo sé, ¡es un gruñón!*

—Los últimos veinte minutos le ha estado contestando mal a la gente que preguntaba por ese cartel —dijo ella—. ¿Usted cree que hizo algo para arreglarlo?

En ese momento llegó otro pasajero y le hizo al empleado gruñón la misma pregunta predecible. Este le respondió de manera desagradable una vez más y el pasajero abochornado se fue.

Luego de algunos otros intercambios similares con clientes que recién se acercaban, otra compañera que cumplía la misma función que él se ubicó detrás del mostrador. Ella miró el cartel y frunció el ceño, luego volvió a mirar el papel que tenía en la mano y otra vez el cartel.

Yo estaba lo suficiente cerca como para escuchar lo que conversaban.

—Ya lo sé, ya lo sé —dijo el agente gruñón—. El cartel está atascado y no puedo comunicarme con la oficina para que lo cambien. Intenté de todas formas.

—Está bien —dijo ella después de hacer una pequeña pausa—, vamos a cambiarlo nosotros.

Tomó un rotulador de tinta negra y en una hoja de papel común escribió «Minneapolis» y lo pegó encima del cartel electrónico equivocado.

—Bueno —dijo—, tal vez no quede bonito, pero hará que las cosas funcionen sin problemas.

Y así fue.

El impulso de fortalecerse casi siempre logra este objetivo. ¿Por qué? Porque es el catalizador que necesita una persona para ponerse en acción y mejorar una situación.

No importa que seas empleado de una línea aérea, maestro de escuela o agente inmobiliario. Tal vez seas capitán del ejército, gerente de un restaurante, representante de ventas o miembro del congreso o del clero. En todos los casos, el trayecto que va de la ineficacia a la eficacia es esencial para pasar de «lo que sea» a «lo que sea necesario».

Entonces, ¿por qué se ve esta diferencia entre los dos empleados? ¿Cuál es la razón de que algunas personas sean pasivas cuando se enfrentan con problemas y actúen con tanta ineficacia como una cucaracha patas para arriba? ¿Y por qué hay otros que son capaces de rechazar esta manera de afrontar las cosas y se ponen en acción? He pensado mucho en estas preguntas y creo que encontré la respuesta en un cúmulo de investigaciones.

> Las personas siempre culpan de lo que son a las circunstancias. Solo triunfa en el mundo quien se levanta y busca las circunstancias, y si no las encuentra, las genera.
>
> **George Bernard Shaw**

¿Por qué algunas personas son pasivas?

En una conferencia para líderes en tecnología y artistas recientemente realizado en Monterrey, California, me senté junto a uno de los psicólogos más respetados del planeta. Martin E. P. Seligman, de la Universidad de Pennsylvania, quien encabeza un movimiento que está transformando por completo el perfil global de la investigación psicológica. Se denomina «psicología positiva», y su labor innovadora ha aportado una gran cantidad de conocimiento sobre el tema de cómo vivir una vida más plena. Todo comenzó hace treinta años cuando Seligman decidió investigar sobre el sentimiento de indefensión y los resultados que produce en una vida.

Recién graduado de sus estudios terciarios a los veintiún años de edad, observó un experimento que lo indujo a realizar una investigación a fin de entender por qué algunas personas se rinden y permanecen pasivas mientras otras buscan soluciones, triunfan y logran objetivos.

En el experimento, los investigadores les enseñaban a los perros a asociar un sonido con un impulso eléctrico muy leve. Los animales eran sujetados con arneses, y luego eran expuestos de forma repetida al sonido, seguido del impulso eléctrico. La hipótesis era que después, al oír el mismo sonido, los perros condicionados lo asociarían con el impulso eléctrico subsiguiente y saldrían corriendo o tratarían de escapar de alguna manera. Seligman y sus colaboradores colocaron un perro sin sujetar dentro de una caja de escape-evitación, que consistía en una jaula dividida por la mitad mediante una pared de baja altura. Cuando se emitiera el sonido, el perro podría escapar con facilidad del malestar que le provocaba el leve impulso eléctrico saltando la pared para ir al otro lado de la jaula. Sin embargo, los investigadores se sorprendieron ante la respuesta del animal. Al escuchar el sonido, en lugar de saltar hacia el otro lado de la jaula, el perro se acostó y comenzó a gemir. Incluso, cuando llegó el impulso eléctrico, no hizo nada para evadirlo. Repitieron la misma operación con todos los otros perros previamente condicionados, y descubrieron que dos tercios de los animales ni siquiera intentaron escapar de los estímulos negativos.

Seligman llegó a la conclusión de que estos perros habían «aprendido» a ser indefensos. Durante el condicionamiento previo, habían recibido un estímulo eléctrico sin importar cuánto ladraran, saltaran o lucharan, y habían aprendido que nada de lo que hicieran cambiaría las cosas. Por lo tanto, ¿para qué intentarlo?[1]

¿Alguna vez te sentiste como uno de esos perros? ¿Te rendiste porque daba la impresión de que eras incapaz de solucionarlo? Si es así, no eres el único. Tal como sucedió con los perros en el experimento de Seligman, las personas que reaccionan de manera indefensa *aprendieron* esa respuesta. En algún momento mientras intentaban alcanzar metas y triunfar en la vida, se han frustrado. Cuando esto sucede varias veces y creen que aunque se esfuercen no lograrán cambiar nada, se rinden. Al poco tiempo incluso dejan de intentarlo. Dicen de manera automática: «No hay nada que pueda hacer con respecto a esto». Esta indefensión aprendida les destruye la confianza y los coloca en el sendero de la ineficacia.

No eres tan ineficaz como crees

Para las personas indefensas, la única manera de lograr el éxito parece ser un «golpe de suerte». En otras palabras, están convencidas de que solo las circunstancias —no lo que hacen frente a ellas— pueden generar algo bueno.

En realidad, nadie es tan ineficaz como piensa. Incluso en el experimento de Seligman, si bien dos tercios de los perros se rindieron, hubo otro tercio que, aunque había sido condicionado de la misma manera, buscó una forma de evitar el impulso eléctrico y la encontró. Ellos eligieron seguir intentando. Asimismo, nosotros caemos en la ineficacia solo porque decidimos hacerlo. Cambiamos una actitud optimista que dice «puedo hacerlo» por un enfoque pasivo de la situación que pensamos que nos libera («no hay nada que pueda hacer con respecto a esto»). O lo que es aun peor, llegamos a creer que si no lo intentamos, tampoco vamos a fracasar.

Seligman escribió su primera monografía sobre este fenómeno de la indefensión aprendida poco después de obtener su Doctorado en Filosofía en 1967, y ha dedicado el resto de su vida a estudiarlo. Él dice que aún le asombra el hecho de que muchas personas reaccionan exactamente igual que la mayoría de los perros cuando se las expone al malestar o al dolor. Algunas actúan como si fueran inútiles y ni siquiera intentan cambiar las cosas, mientras que otras se esfuerzan para encontrar una solución.

> La indefensión aprendida es el impulso a rendirse, la tendencia a desistir que surge de creer que hagas lo que hagas, nada va a cambiar.
> **Martin Seligman**

¿La diferencia entre ellas? Simplemente una decisión de tres segundos.

¿Tu mejor momento... o no?

Uno de los ejemplos más grandiosos de todos los tiempos de estas dos actitudes tuvo lugar en abril de 1970 en los Estados Unidos de América en medio de la era de la investigación del espacio. La nave espacial *Apolo 13* iba camino a aterrizar en la luna y una explosión que ocurrió durante el vuelo le produjo daños graves. Se descartó la idea del aterrizaje lunar, y de repente, todos los esfuerzos se concentraron en la tarea de lograr que los tres astronautas regresaran a la tierra.

Tal vez hayas visto la situación dramática que produjo ese episodio en el filme de Ron Howard, *Apolo 13*, protagonizada por Tom Hanks. Si es así, es probable que recuerdes la tensión palpable que se experimentaba tanto dentro de la nave espacial como en la base de control de la misión en Houston, Texas.

Tres astronautas y una sala repleta de técnicos en la base de control enfrentaban lo que parecía ser una situación imposible de resolver. Con escasa provisión de energía y oxígeno, los astronautas trabajaban contra reloj. Los técnicos sugirieron innumerables ideas y elaboraron una lista de los elementos que se encontraban en la nave que pudieran ayudar a los astronautas a continuar el viaje y llevar a cabo las reparaciones.

Dado que el módulo de servicio no funcionaba, tendrían que navegar hasta la posición para aterrizar en la tierra mediante los controles del módulo de aterrizaje lunar. Cualquier error de cálculo podía hacer que la nave se desviara miles de kilómetros del trayecto y se disparara hacia el espacio haciendo giros. Además, aun *en el caso de que* lograran colocarla en posición y se abalanzaran en el módulo de control para reingresar, no había manera de saber si el escudo térmico y los paracaídas funcionarían. Finalmente, *si* el reingreso a la atmósfera tenía éxito, los informes meteorológicos indicaban que podían llegar a aterrizar en medio de un huracán.

Durante esa crisis, la más mínima decisión constituía un riesgo calculado. La catástrofe parecía inminente. Una escena de la película de 1995 refleja la situación.

Un agente de prensa de la NASA, procurando obtener más información de parte del director del programa espacial, comenzó a relatar los innumerables peligros que enfrentaba la tripulación. Claramente afectado por la tensión, el funcionario respondió: «Henry, yo sé cuáles son los problemas que existen. Va a ser el peor desastre que la NASA haya experimentado jamás». Gene Kranz, el director de vuelo, escuchó esta afirmación pesimista y expresó con firmeza: «Señor, con todo el debido respeto, yo creo que este va a ser nuestro mejor momento».

Piénsalo. Dos hombres se enfrentan ante la misma situación: uno se prepara para lo peor y el otro espera alcanzar el pináculo del éxito.

> Nosotros decidimos ser eficaces o ineficaces. Tal vez no siempre parezca así, pero es una elección.
> **Blaine Lee**

La situación eran tan tensa, y el filme la reflejaba de una manera tan impactante, que aunque los espectadores sabíamos cuál iba a ser el desenlace, todos estábamos sentados en el borde del asiento. Tras vencer una cantidad casi insuperable de condiciones adversas, los astronautas y técnicos se las arreglaron para colocar el módulo en posición para el reingreso. Cuando el módulo de comando entró en la atmósfera terrestre, el contacto por radio se perdió (situación que ocurre normalmente). En todos los hogares a lo largo del país, todas las miradas estaban fijas en las pantallas de televisión. Los segundos retumbaban en la base de control.

Cuando se iban acercando a la marca de los tres minutos, el operador de radio comenzó a tratar de reestablecer el contacto. «Odyssey, aquí Houston. ¿Me copia?» En los televisores de todos los Estados Unidos de América apareció un cielo negro. La voz de Walter Cronkite informaba a los televidentes que a ninguna cápsula espacial le había llevado más de tres minutos completar el reingreso. El silencio que siguió era agonizante.

De pronto, la radio de la NASA volvió a la vida en medio de interferencias. En la televisión, una cápsula surgió al parecer de la nada, y los paracaídas se abrían como flores gigantes que florecían. Y una voz resonó alta y clara: «Hola, Houston. Aquí Odyssey. Qué bueno volver a verlos».

¿Cómo afrontas las situaciones?

Colócate en el lugar de un funcionario de ese equipo de la NASA que está luchando por resolver un problema abrumador y frenar una crisis tremenda. Dispones de solo unos segundos para tomar decisiones, por lo tanto, no puedes darte el lujo ni dedicar el tiempo para reflexionar sobre la situación. ¿Qué tienes en mente? ¿Te identificas con el funcionario que lo único que ve es un desastre inminente, o te pareces más al director de vuelo? ¿Consideras que un problema es la oportunidad para poner de manifiesto lo mejor de ti? Quizá te encuentres en un punto intermedio.

Desde luego que al estar sentados leyendo este libro es más fácil decir que nos identificaríamos con el decidido director de vuelo. Todos queremos creer que afrontaremos un problema con confianza y optimismo. Sin embargo, ¿de veras lo harías? Seamos honestos: esta clase de valor se encuentra pocas veces; muy pocas veces.

A decir verdad, la mayoría de la gente carece de semejante valentía. En cambio, nos preparamos para justificar una actitud pasiva que luego se convertirá en la excusa apropiada para explicar la razón de nuestro fracaso, aun cuando los riesgos sean mínimos en comparación con una expedición espacial nacional. «No había nada que pudiera hacer al respecto», nos decimos a nosotros mismos y a cualquiera que escuche. Ya sea que se trate de evitar un desastre, concretar un negocio, conseguir un contrato, acallar a un niño que llora o iniciar una posible relación, el primer impulso suele ser la impotencia. Y al margen de lo irracional que sea ese sentimiento, nos convence de que hicimos todo lo que estuvo a nuestro alcance. Lo único que desencadena la impotencia es la pasividad.

El hombre que dice «no se puede hacer» no debería interrumpir al que lo está haciendo.
Proverbio chino

Por eso es tan importante la pregunta acerca de con quién te identificas en el escenario de la NASA. Tu respuesta dice mucho sobre el nivel de confianza que posees y el lugar donde te encuentras en cuanto al tema de la «ineficacia». A su vez, también revela mucho acerca de tu capacidad para alcanzar el éxito. ¿Por qué? Porque la persona que se compromete a hacer «lo que sea necesario», a triunfar tanto en las metas grandes como en las pequeñas, rechaza el primer impulso de la falta de capacidad y prefiere creer que tiene el poder para marcar una diferencia.

Ejercita tu musculatura mental

Entonces, *¿por qué* el director de vuelo de la NASA reaccionó con tanto optimismo? ¿Por qué no sucumbió ante la impotencia al enfrentar una tarea tan desalentadora? Para ayudarte a responder esta pregunta, piensa en los atletas, en especial los de nivel olímpico. ¿Qué separa a las grandes promesas del atletismo de aquellos que concretan grandes logros? Todo atleta olímpico te puede decir cuál es la diferencia: el uso del músculo mental.

La computadora más potente del mundo es inútil si no tiene un programa que la haga funcionar. Y lo mismo sucede con los atletas olímpicos cuya mente es el programa que controla todo el soporte físico conocido como carne, huesos y músculos. Aparte de la asombrosa destreza física, son los músculos mentales de los atletas olímpicos —y la forma cómo los utilizan— lo que en realidad los separa de los deportistas comunes. Ese músculo mental se conoce entre los profesionales como «autoeficacia elevada». Es exactamente lo opuesto a la impotencia.

El diccionario define la autoeficacia como la capacidad para conseguir los resultados deseados. Refleja la autoconvicción[2] optimista de que uno puede llevar a cabo tareas novedosas o difíciles, o enfrentar las adversidades de la vida. La percepción de la autoeficacia hace que se fomente el establecimiento de metas.

Determina cuánto esfuerzo vas a invertir en una determinada tarea, prescribe la resistencia que tendrás al enfrentar las dificultades y revela cómo te recuperarás de los problemas que se presenten.

Es difícil exagerar la importancia de la autoeficacia para generar una actitud de estar dispuesto a hacer todo lo que sea necesario para alcanzar la meta. ¿Por qué? Porque este músculo mental te induce a ver que son tus acciones y no las circunstancias lo que desencadena resultados exitosos.

> Las personas que se consideran víctimas de sus circunstancias siempre se mantendrán en esa posición a menos que desarrollen una visión más amplia para sus vidas.
> **Stedman Graham**

¿Cuántas veces escuchaste decir a alguien: «No hay nada que pueda hacer»? O: «Ese no es mi trabajo, así que no es problema mío», o «¿Qué esperas que haga al respecto?» Estas son expresiones de una mentalidad impotente. Para modificar esta manera de pensar se requiere solo un mínimo de eficacia... y un breve lapso de tres segundos.

Cómo fortalecerse a sí mismo

Seamos prácticos. Si tu meta es vencer la ineficacia, lo mejor que puedes hacer es cultivar lo opuesto: la autoeficacia. Las tres acciones siguientes te ayudarán a hacer justo eso. No se presentan en un orden determinado, sino que son simplemente los tres pasos a seguir que demostraron tener más éxito en esta área. Practícalos con la mayor frecuencia posible.

1. Decir lo que sabes... en vez de lo que ignoras

El historiador Stephen Ambrose escribió un libro fascinante llamado *Band of Brothers* [Banda de hermanos] que más tarde se transformó en una miniserie de HBO protagonizada por Tom Hanks. Este registra de forma detallada la travesía de una compañía de paracaidistas norteamericanos durante su entrenamiento agotador, la invasión en el día D, y la intensa lucha terrestre que puso fin a la Segunda Guerra Mundial.[3] Basada en entrevistas verídicas a veteranos de Easy Company la serie refleja tanto la intensidad de la guerra como también el heroísmo de las tropas.

En una escena de la película, inmediatamente después de que

los paracaidistas tocaran tierra en Francia, el teniente Winters, oficial comandante de Easy Company, y el soldado Hall, un joven aterrorizado perteneciente a otra compañía, vagaban por el campo en busca del resto de los norteamericanos. En medio de la confusión provocada por el fuego antiaéreo, los paracaidistas se habían arrojado bastante lejos del sitio planeado para el lanzamiento. El soldado reflejaba temor e inseguridad porque no sabía con exactitud dónde estaba.

—¿Tiene idea de dónde estamos, señor? —pregunta.

—Más o menos —responde el teniente Winters—. Necesito su ayuda para localizar algunos puntos de referencia para orientarnos. Avance con cuidado y observe si ve alguna construcción, granjas, puentes o caminos.

—Me pregunto si el resto estará tan perdido como nosotros.

—Soldado, nosotros no estamos perdidos, estamos en Normandía.

Me encanta esta frase, es muy significativa. El teniente pone énfasis en lo que sabe. Observa el cuadro completo y, a diferencia del soldado, tiene confianza en que el resultado será positivo. Bajo el liderazgo del teniente Winters, al poco tiempo los hombres hallaron las compañías a las que pertenecían y lograron reunirse con el resto de los norteamericanos. En esto consiste la eficacia: la capacidad para concretar los resultados deseados.

El teniente Winters tenía una musculatura mental potente. Resistió el primer impulso y *decidió* esperar a que apareciera el segundo. Este impulso, el del fortalecimiento, lo ayudó a concentrarse en lo que *sí* sabía. Él dijo cosas que reflejaban los resultados que deseaba obtener. Una persona fortalecida expresa frases tales como: «Tengo un buen presentimiento», «Estoy seguro de que hallaré la respuesta» o «Todavía no tengo la solución, pero pronto la voy a encontrar».

Hace poco, un amigo mío estaba sumamente ocupado tratando de prepararse para una presentación importante. Cuando iba por la mitad de una frase que estaba escribiendo en la computadora, la pantalla de repente se puso negra. ¿Te pasó alguna vez? Envuelto en pánico y con más que un simple malestar estomacal, llamó al departamento de informática de la compañía donde trabajaba. Después de mucho rogar y suplicar, los convenció para que enviaran de inmediato a un técnico.

El técnico, al que vamos a llamar «Bob», se sentó frente al escritorio mientras mi amigo daba vueltas ansioso detrás de él. Bob volvió a encender la máquina. Le preguntaba a mi amigo sobre sus actividades recientes e incorporaba datos al sistema operativo del disco rígido... hasta que finalmente este no aguantó más.

—¿Qué problema te parece que hay? ¿Puedes arreglarlo y recuperar mis cosas?

—No tengo idea. Jamás vi algo igual y ni siquiera sé por dónde empezar —respondió Bob—. Pero tengo que ir a almorzar. Después de la una te voy a mandar a Esteban.

Como te podrás imaginar, mi amigo *no* almorzó por temor de que Esteban llegara mientras él no estuviera. Comenzó a ensayar lo que le iba a decir al jefe si no se solucionaba el problema y no cumplía con la fecha de entrega.

—¿En qué le puedo ayudar?

Sorprendido en medio de su delirio, mi amigo se sobresaltó y le extendió una silla a la persona que esperaba que le salvara el día.

—Bob me informó lo que había hecho —dijo Esteban y comenzó a teclear.

No pasaba nada, el programa seguía sin abrir. Mi amigo se preguntaba si este técnico sabría qué hacer para arreglarlo.

—Sé que hay algo que hace que el procesador se atasque, pero todavía no puedo decirle lo que es. Déme unos minutitos y lo voy a averiguar.

¿Cuál de estos muchachos querrías que trabajara con tu computadora? No hay duda de que mi amigo se sintió mucho más tranquilo con el que sabía dónde estaba parado y se lo acababa de decir. Por lo menos, Esteban tenía idea de lo que buscaba, aunque todavía no había detectado cuál era exactamente el problema. Al final pudo solucionarlo. Cuando se iba, dijo que estaba seguro de que Bob también lo habría podido arreglar. De todos modos, mi amigo se alegró de que a Bob le diera hambre y se hubiera ido.

Todos enfrentamos situaciones de incertidumbre. ¿Cuáles son las áreas en las que tienes menos confianza de obtener un resultado positivo? ¿Tiendes a enfocarte en lo que no sabes? Al decir lo que sí sabes (ya sea a otra persona y solo a ti mismo), triunfarás sobre la impotencia y liberarás tu mente para buscar soluciones.

2. Cultivar el cuidado... y tener en verdad la intención de hacerlo

Más de cuatrocientos ejecutivos de las compañías más grandes del país dedicadas a una gran variedad de especialidades completaron una encuesta realizada por Opinion Research Corporation [Compañía de Investigación de Opiniones] sobre cómo hacían para escoger una línea aérea a fin de efectuar sus viajes frecuentes. Los ejecutivos evaluaron una serie de factores y, por encima de la entrega inmediata del equipaje o la atención eficiente en el mostrador de embarque, el aspecto que más le importó a la gran mayoría fue la calidad con que la línea aérea «cuida de sus clientes».[4]

Cuando estamos en posición de clientes, todos sabemos cuánto valoramos el servicio realizado con dedicación. Me estoy refiriendo al servicio personal, aquel que lo brinda una persona real y verdadera ya sea detrás de un mostrador de ventas o en el otro extremo de la línea telefónica. El cuidado es lo que determina la diferencia entre encoger los hombros diciendo: «No hay nada que pueda hacer al respecto», y asentir con un movimiento de cabeza expresando: «Veamos cómo lo puedo ayudar».

En otra encuesta realizada por William Wilsted, asesor de la firma contable y consultora Ernst & Young, los clientes de bancos, tecnología especializada y manufactura consideraron que «el toque personal» —es decir, el interés demostrado por el representante de la compañía y si recordaba o no el nombre del cliente— constituía el elemento más importante del servicio. Superaba todos los otros factores, incluso la conveniencia, la rapidez en la entrega y el buen funcionamiento del producto.

Es cómico observar cómo empleamos esta fuerza vital de una manera tan (perdóname) descuidada. «Cuídate», le decimos al empleado de la tienda de comestibles que toma los pedidos. «Cuídate», expresamos cuando terminamos de hablar por teléfono con algún conocido. Pero, ¿sabemos en realidad que la palabra «cuidado» proviene del alemán *kar*, que originariamente significa «triste»? Este término lleva implícita la idea de que una persona que manifiesta cuidado hacia otra se siente triste cuando la otra también lo está. En otras palabras, el cuidado es una especie de compasión que permite que todos nosotros, ya sea que nos desempeñemos como mecánicos, agentes inmobiliarios, maestros, comerciantes o padres, entremos al mundo de otras personas y sintamos lo que ellas sienten. El cuidado dice que lo que te sucede a ti me sucede a mí.

En el momento en que te preocupas por la dificultad de otra persona, ya sea que se relacione con el equipaje que perdió en la aerolínea donde trabajas o que seas la maestra o el maestro de un niño que está resfriado, allí es donde te comprometes personalmente y transmites autoeficacia. ¿Por qué? Porque el antiguo adagio es cierto: A las personas no les importa cuánto sabes hasta que saben cuánto te importan. Tu compasión y confianza inspiran y confortan a los demás porque hacen que *les* resulte más fácil creer que van a obtener un resultado positivo.

En mi labor como profesor universitario veo este principio en la práctica a diario. A mis alumnos nos les importan en absoluto mis títulos académicos hasta que saben que estoy genuinamente interesado en lo que aprenden conmigo. Y cuando puedo convencerlos de que tengo un cuidado especial por su futuro, consideran que casi todo lo que hago está bien.

3. Blandir el optimismo como un arma

Tal vez esto suene un poco extremista, pero el optimismo *puede* ser una cuestión de vida o muerte. Un estudio reciente realizado con mil personas entre sesenta y cinco y ochenta y cinco años de edad lo demuestra. Al finalizar el período de diez años en que se llevó a cabo la prueba, los investigadores hallaron que aquellos que se describían como personas optimistas tenían un cincuenta y cinco por ciento menos de riesgo de muerte producida por cualquier tipo de causa, y un veintitrés por ciento menos en la provocada por enfermedades cardíacas.[5]

> Lo que una persona cree sobre sus capacidades tiene un profundo efecto en esas capacidades.
> **Albert Bandura**

Uno de los ejemplos más contundentes del poder del optimismo surge de otro estudio realizado por Martin Seligman con vendedores de seguros de MetLife. Toda persona que trabaja en ventas sabe que es esencial tener la capacidad de aceptar el rechazo de buena manera. Este concepto es cierto en especial en el área de venta de seguros, donde el porcentaje de respuestas negativas puede ser altamente desalentador. Por cierto, el rechazo en ese ámbito es tan perjudicial que cerca del setenta y cinco por ciento de los vendedores de seguros renuncia dentro de los tres primeros años de trabajo. Mediante su estudio, Seligman descubrió que los nuevos vendedores, que por naturaleza eran optimistas, vendían un treinta y siete por ciento más de seguros durante los dos primeros años de actividad que sus colegas pesimistas, y que los optimistas permanecían más tiempo en esa tarea que los pesimistas.

Impresionados con estos hallazgos, los ejecutivos de MetLife permitieron que Seligman efectuara un estudio de seguimiento. En esa ocasión contrataron solamente a los postulantes que habían fracasado en las pruebas normales de selección, pero que habían obtenido calificaciones elevadas en un examen de optimismo. ¿Podría el optimismo triunfar sobre todas las otras cualidades que se consideraban necesarias para alcanzar el éxito? Al parecer sí. Este grupo superó en ventas a los pesimistas en un veintiún por ciento durante el primer año y en un cincuenta y siete por ciento en el segundo.[6]

Ahora bien, ya sabes que el optimismo te beneficiará; pero, ¿cómo haces para incrementarlo en tu vida? En el caso de los vendedores exitosos, la respuesta yace en la forma en que se definieron a sí mismos el concepto de fracaso. Para un vendedor, cada «no» que recibe es una pequeña derrota, y a medida que las negativas aumentan, la moral se deteriora haciendo que resulte mucho más difícil seguir intentando. Pero dicho rechazo se torna dos veces más complicado en el caso de los pesimistas, porque se explican el «no» diciendo: «No sirvo para esto; jamás voy a vender nada». Esta es una explicación que, sin duda, va a desencadenar una sensación de ineficacia.

Por el contrario, los optimistas se dicen a sí mismos: «Estoy enfocando las cosas de manera equivocada» o «La última persona con la que traté simplemente estaba de mal humor». No toman el rechazo de forma personal, por lo tanto, creen que en los próximos ofrecimientos obtendrán mejores resultados. El optimismo es como una espada afilada que atraviesa las barreras que conducen al logro del fortalecimiento.

Se requieren tres segundos para fortalecerse

Comencé este capítulo con una historia verídica de la reciente escala que hice en el aeropuerto O'Hare de Chicago. ¿Recuerdas a la empleada ingeniosa del vuelo a Minneapolis? Tal como dije, ella es un gran ejemplo de alguien que sabe cómo fortalecerse. Al elaborar un cartel escrito a mano para corregir el electrónico que no funcionaba, dijo lo que sabía en lugar de lo que ignoraba, demostró que cuidaba de que las cosas les resultaran más sencillas a los clientes, y fue optimista en cuanto a que la medida que aplicaría iba a solucionar el problema.

> Por todas partes, desde la cultura popular hasta la red de propagandas, se ejerce una presión constante para hacer que la gente se sienta inútil y convencerla de que el único papel que puede desempeñar es confirmar decisiones y consumir.
>
> **Noam Chomsky**

Sin embargo, lo que no te dije es que cuando ella asumió esa simple iniciativa para mejorar la situación, los pasajeros de la sala de espera en verdad aplaudieron su esfuerzo. De todos lados surgió un vitoreo de parte de un grupo de desconocidos que le agradecían a una mujer que jamás habían visto. La gente que se hallaba en otras áreas de la terminal miró hacia donde estábamos nosotros para ver por qué aplaudíamos. Pero lo que más me llamó la atención en ese momento fue la actitud de su ineficaz colega. Él también la podría haber aplaudido y podría haber dicho: «Ojalá se me hubiera ocurrido». Sin embargo, en lugar de eso, simplemente encogió los hombros y miró para otro lado como diciendo: «Lo que sea que hizo, no me importa».

Ahí se encontraba representada de manera vívida la línea divisoria entre los que dan todo de sí y los que ni siquiera lo piensan dos veces. Es simplemente una decisión, que se toma en solo tres segundos, el fortalecerse a sí mismo y hacer «lo que sea necesario».

Preguntas para la reflexión personal

1. Se ha dicho que nuestra entrega para alcanzar el éxito se puede medir en base a aquello que nos desanima. ¿Qué significa esto para ti? ¿Qué es lo que de manera habitual te desanima? ¿De qué manera te induce ese desánimo a ser más ineficaz de lo que eres en realidad?

2. Es indudable que las circunstancias difíciles, las personas y los problemas personales pueden afectar nuestra capacidad para manifestar cuidado hacia los demás cuando estamos en medio de una situación. En vez de reaccionar, ¿qué decisiones puedes tomar de manera anticipada a fin de fortalecerte para actuar de una forma cuidadosa?

3. El optimismo es la mejor arma para combatir la ineficacia; no obstante, a menudo es una de las más difíciles de blandir. ¿En qué situaciones te resulta más difícil ser optimista? Después de leer este capítulo, ¿qué puedes hacer en el futuro para concentrarte específicamente en los aspectos positivos de las situaciones que experimentas?

2

Se requieren tres segundos para... asumir un buen desafío

Es divertido hacer lo imposible.

Walt Disney

Seth Gary ha administrado algunos de los mejores hoteles del mundo. Cuando todavía asistía a la universidad y era uno de mis alumnos, comenzó desde abajo trabajando como empleado en el Four Seasons Olympic Hotel en Seattle. Eso finalmente lo llevó a administrar un centro turístico de categoría cinco estrellas en California y luego otro en las islas de Hawai.

Hace poco almorcé con él y, como sabía que yo estaba escribiendo este libro, me preguntó sobre algunos de los capítulos. Cuando mencioné este tema («asumir un buen desafío»), de inmediato bromeó diciendo:

—Eso describe en pocas palabras mi carrera.

—¿A qué te refieres? —le pregunté.

—Es lo primero que aprendí en el negocio hotelero y aún lo sigo aplicando todos los días en mi trabajo —respondió—. En realidad, lo tengo tan arraigado que lo pongo en práctica en muchas otras cosas aparte del trabajo.

Me quedé intrigado, así que durante la hora que siguió, le saqué a Seth una historia tras otra acerca de cómo aprendió a aceptar un buen desafío... y cómo esto lo condujo al lugar donde hoy se encuentra.

Uno de los ejemplos que me relató se refería a una ocasión cuando se desempeñaba como gerente del turno nocturno en el hotel Four Seasons.

—Eran alrededor de las seis de la mañana cuando un huésped se me acercó con una oportunidad —dijo.

—¿Una oportunidad? —le pregunté.

—Así es. En mi empresa no utilizamos el término problemas. Los huéspedes nos brindan «oportunidades».

> El recurso más valioso que les brindas a tu trabajo y tu empresa es tu creatividad.
> **Annette Moser-Wellman**

Mientras Seth hablaba, yo anotaba cosas en el dorso de una servilleta de papel.

—Venía de Chicago en un viaje de negocios y había llegado tarde la noche anterior. A las ocho de la mañana tenía que hacer una presentación en una reunión importante. La línea aérea había perdido una de sus maletas y le dijeron que se la iban a entregar durante la noche, pero no lo hicieron. Traía con él la otra maleta donde estaban las camisas, las corbatas y los artículos personales, pero le faltaba la que llevaba el traje y los zapatos. Esa mañana, cuando se acercó al mostrador, estaba desesperado.

—¿Qué hiciste entonces? —le pregunté.

—Bueno, era muy temprano para llamar a alguna tienda local para conseguir algo porque a esa hora todo estaba cerrado. Traté de llamar a Nordstrom (cadena de tiendas de vestimenta) para ver si había algún empleado que hubiera llegado temprano para realizar el inventario de artículos, pero nadie contestó el teléfono. Después de hacer algunas otras llamadas a tiendas de ropa para hombres que hay en la zona, me di cuenta de que nos estábamos quedando sin opciones. Entonces se me ocurrió una idea. La encargada de los uniformes del hotel vivía cerca, así que la llamé y media hora después ya había llegado.

—No me digas que le pusiste un uniforme —dije.

—No exactamente —continuó diciendo Seth—, pero sí le dimos un par de pantalones negros nuevos y luego le presté un saco que teníamos en el salón comedor. Combinaba bien con los pantalones a los que la encargada de los uniformes les había cosido con diligencia el dobladillo para que le quedaran perfectos. Lo único que nos faltaba era un par de zapatos. Desde luego que no guardamos zapatos para los huéspedes ni para los empleados. Le pregunté si por casualidad calzaba el número diez. Pues bien, dio la casualidad de que ese era su número. Así que me saqué los zapatos, los hice lustrar, y nuestro huésped partió para hacer su presentación sin enterarse de que eran míos. Incluso tuvo tiempo para beber una taza de café antes de partir.

—¿Así que trabajaste durante el resto del turno sin zapatos?

—Así es. Dos horas después dirigí la reunión de gerentes del turno de la mañana en calcetines. A mis colegas les encantó.

—¡Vaya! Esta clase de cosas solo suceden en el hotel Four Seasons, ¿no es así? —insistí.

—No lo sé, pero sí aprendí desde un comienzo lo valioso que es asumir un desafío... sin importar dónde trabajes ni lo que hagas. Supongo que podría haberme encogido de hombros y luego decirle al huésped que no había nada que pudiera hacer para ayudarlo. Después de todo, en la descripción de mi tarea, incluso en un sitio dedicado al servicio de la gente como era el caso de ese hotel, no había nada que dijera que debía prestarle mis zapatos a un huésped. Pero me encantan los desafíos, y sabía que si demostraba alguna iniciativa y hacía lo que estaba a mi alcance, podía solucionarle el problema a ese hombre y ni qué decir de su presentación.

¿En qué consiste con exactitud un desafío?

¿Observaste esa breve frase que utilizó Seth? Dijo: «Me encantan los desafíos». Este es el sentir de todos los que saben cómo hacer «lo que sea necesario». Por eso te pregunto: ¿te encantan los desafíos? ¿Consideras que los problemas son una oportunidad o un obstáculo?

Comencemos por aclarar el significado de la palabra «desafío». La definición que da el diccionario es bastante simple: Es una incitación a participar en una prueba, una lucha o una competencia. Evoca la imagen de un duelo. Creo que asumir un desafío se refiere exactamente a eso. Consiste en competir contra la idea que expresa: «No hay nada que pueda hacer al respecto». Es disputar, pelear, retar a duelo para derrotar lo que sea. Cuando asumes un desafío, ya sea grande o pequeño, estás enfrentando un reto. Estás reuniendo coraje para ver una oportunidad allí donde la mayoría de la gente ni siquiera trata de mirar.

Toda persona que haya estudiado la historia de los Estados Unidos de América sabe que Susan B. Anthony es uno de los ejemplos de coraje más grandiosos del país. Defensora del sufragio a comienzos del siglo veinte, tenía una mente brillante y una gran capacidad para animar a los demás. Sin prestarles nunca atención a los que se oponían, viajaba por toda la nación dando discursos para conseguir que todo ciudadano tuviera derecho a votar. Permaneció activa defendiendo esa causa durante toda su vida, exhortando siempre a sus seguidores para que continuaran luchando a fin de alcanzar la meta a la que estaban consagrados. El 13 de marzo de 1906, justo antes de morir, partió tras pronunciar sus últimas palabras: «Fracasar es imposible».

No se puede decir nada mejor. Este es el credo de todos los que aceptan un desafío. Ya sea que asumas el desafío que constituye una gran injusticia, o una pequeña dificultad, todo se reduce a creer que el fracaso no es una opción.

> No estamos perdidos. Estamos desafiados por la ubicación.
> **John M. Ford**

Si tienes la tendencia natural a «participar en una prueba, lucha o competencia» cuando te enfrentas con un desafío, considérate parte de la minoría. Para la mayoría de la gente no es el primer impulso natural. ¿Por qué? Porque es mucho más fácil rendirse, renunciar y no dar ni siquiera oportunidad a la posibilidad de luchar.

La razón fundamental por la que la gente rechaza un desafío

George Danzig cursaba el último año en la Universidad de Stanford durante la época de la depresión en los Estados Unidos de América. Todos los que estaban por terminar los estudios sabían que, cuando se graduaran, pasarían a formar parte de las largas filas de desempleados. Existía una mínima posibilidad de que el alumno más destacado consiguiera un puesto de maestro. George no era el mejor de su clase, pero tenía la esperanza de que si obtenía la mejor calificación en el examen final, tendría la oportunidad de que le dieran un empleo.

Estudió tanto para el examen que llegó tarde a la clase. Cuando entró, los otros alumnos ya estaban sumidos en la tarea. Avergonzado, solo tomó el cuadernillo con el examen y fue sigilosamente hacia su escritorio. Vio que además de los ocho problemas que aparecían en la hoja, había dos más escritos en la pizarra. Trabajó con diligencia en los primeros ocho y luego comenzó con los otros dos; pero por más que se esforzó, no puso resolver ninguno de estos últimos. Se sentía devastado. De los diez problemas que había, sabía con toda seguridad que había fracasado en dos. Justo cuando estaba por entregar la hoja, se atrevió a preguntarle al profesor si podía darle un poco más de tiempo para trabajar en los dos problemas que no podía resolver. Se sorprendió cuando el profesor acordó darle dos días más.

Danzig se fue corriendo a la casa y se consagró de lleno a resolver esas ecuaciones. Después de muchas horas, solo pudo hallar la solución a uno de ellos. Ya sin tiempo para resolver el otro problema, entregó el examen. Estaba seguro de que había perdido toda oportunidad de conseguir trabajo. Fue el momento más triste de su vida.

Temprano en la mañana del día siguiente, Danzig se despertó de un salto al escuchar que golpeaban a la puerta de su casa. Cuando la abrió, encontró al profesor de matemáticas sumamente emocionado. «¡George! ¡George!», exclamaba, «¡has hecho historia dentro de las matemáticas!»

No entendía de qué estaba hablando el profesor, así que este le explicó. Antes del examen, él les había hablado a los alumnos acerca de la necesidad de seguir intentando a pesar de las dificultades y los fracasos. «No se desanimen», les había aconsejado a sus alumnos, «recuerden que hay problemas conocidos que nadie ha podido resolver. Ni siquiera Einstein fue capaz de descubrir los secretos que escondían».

Esos eran los dos problemas que estaban escritos en la pizarra. Dado que George había llegado tarde a la clase y no había escuchado esos comentarios iniciales, no sabía que los problemas que estaban allí eran solo una ilustración. No tenía idea de que se los consideraba imposibles de resolver; simplemente creyó que formaban parte del examen y estaba decidido a solucionarlos. ¡Asombrosamente, había resuelto uno!

Hizo lo imposible.

El trabajo de Danzig se publicó en *Internacional Journal for Higher Mathematics* [Revista Internacional de la Alta Matemática] y consiguió empleo como profesor adjunto en Stanford durante la peor época de la depresión.

¿Qué posibilidad había de que George Danzig tratara con tanta intensidad de resolver los dos problemas que estaban en la pizarra si hubiese escuchado que era imposible hacerlo? Sin duda, habría actuado igual que todos los otros alumnos de esa clase que simplemente completaron el examen y lo entregaron. Tal vez se habría sentido estimulado por lo que representaban, es decir, por el hecho de que aun las mentes más sobresalientes de las matemáticas no habían sido capaces de resolver todos los problemas. Lo intentó solo porque no sabía que era imposible. Esa es justo la razón por la que muchas personas rechazan un desafío. Por lo general, nos rendimos porque nos dijeron que era imposible lograrlo, o porque llegamos a creer que es imposible para nosotros.

Otra gran razón de por qué la gente se rinde antes de intentarlo

Las personas no solo rechazan los desafíos porque creen que es imposible asumirlos, sino que se rinden porque, siendo francos, enfrentarlos implica mucho trabajo. Y hay mucha gente que en realidad no tiene deseos de trabajar. A fin de dar la impresión de que estamos ocupados, llevamos a cabo una cantidad de tareas al parecer imprescindibles sin hacer nada que en verdad sea productivo. Los más ofensivos se parecen a George Constanza, uno de los protagonistas de la popular comedia *Seinfeld*, ya que una de sus metas en la vida es evitar trabajar. En un episodio se entera de que la mejor manera de evitar que se le asignen nuevas tareas es aparentando estar preocupado, y entonces trata de aprovecharlo al máximo. Cuando el jefe le pide que lo ayude con un proyecto, hace una pausa dramática, manifiesta una expresión de dolor en el rostro y sacude la cabeza. Entonces el jefe le dice: «Veo que ya estás demasiado ocupado. No te preocupes».

Observé esta actitud en el primer trabajo que tuve. Cuando todavía estaba en la escuela secundaria, conseguí un empleo durante el verano con el personal de mantenimiento en una universidad local. Hacíamos de todo, desde pintar dormitorios y plantar arbustos nuevos hasta armar sillas para los salones de clase. Todos los días eran distintos, pero había una constante: el descanso a mitad de la mañana. En ese momento nos dirigíamos hacia la tienda local de venta de rosquillas para tomarnos un respiro de veinte minutos.

Aun siendo adolescente, lo que observé fue que algunos de los miembros del grupo de trabajo alargaban ese período de descanso todo lo que podían. Caminaban lo más lento posible para ir y volver, perdían el sentido del tiempo mientras comían las rosquillas o ponían la excusa de quedarse diez minutos más antes de volver a trabajar porque habían comenzado tarde.

En otras palabras, estos muchachos se esforzaban más para evitar trabajar que el empeño que ponían otros para cumplir con sus tareas. Y una vez que regresábamos al lugar de trabajo, era asombroso ver cómo esos mismos muchachos encontraban razones para no poner nada de su parte. Por ejemplo, justo cuando se necesitaba alguien para levantar algo pesado, «hacían como que» les dolía la cintura. Por lo tanto, se la pasaban casi todo el tiempo mirando.

A través de los años he visto este mismo fenómeno en toda clase de entornos, y tú también debes haberlo visto. Ya sea que se trate de un profesor titular que ya no concreta nada, un gerente con cierto grado de autoridad que casi nunca está presente, un empleado que es demasiado perezoso para verificar el inventario o un vendedor que nunca sigue el ejemplo de otro porque ya cumplió con su parte, algunas personas se oponen de manera terminante a hacer cualquier cosa que esté más allá de lo que les corresponde. Tal vez los oigas decir: «No vale la pena estresarse», o «Voy a dejar que lo haga otro». Son simples espectadores. Cualquiera que sea la tarea, prefieren quedarse sentados y observar el esfuerzo de otros.

La Marina de los Estados Unidos de América tiene un término para los marineros que abandonan la carrera. Los llaman «marineros con problemas de falta de motivación». La sigla militar es «BD» que significa «bajo desempeño» (las siglas en inglés son LP por *low performer*). Sin embargo, no es necesario ser militar para encontrarse dentro de esta categoría. Estas son las personas que, sin importar la tarea que realicen, buscan siempre la salida más fácil. Valoran más la comodidad que el coraje. Y lo que no saben es que su inactividad, su falta de iniciativa y su resistencia a solucionar problemas, es en verdad peligroso para su progreso... y tal vez para su salud.

¿Por qué? Porque, literalmente hablando, demasiada comodidad es peligrosa.

Hace un tiempo los investigadores de la Universidad de

California en Berkeley hicieron un experimento que ilustra este concepto de manera dramática. Colocaron una ameba en un medio ambiente totalmente libre de estrés: temperatura ideal, óptima concentración de humedad y constante provisión de alimento. La ameba se hallaba en un medio donde no necesitaba hacer ningún tipo de ajuste. En otras palabras, no tenía desafíos, no necesitaba trabajar, ni experimentaba ningún estrés.

No obstante, y para sorpresa de todos, murió.

Al parecer hay algo acerca de todos los seres vivos, incluso las amebas, que demanda la presencia de desafíos.[1] Necesitamos cambios, adaptación y retos. La comodidad por sí sola nos mataría; y aun así, la mayoría de la gente continúa rechazando los desafíos. Se rinden antes de intentarlo.

Por qué debes asumir desafíos

Cuando aprendes a aceptar un desafío, elevas tu cualidad de vida. «Un desafío es un dragón con un regalo en la boca», dijo la escritora Noela Evans. «Doma al dragón y el regalo es tuyo». Aquí se encuentran cinco regalos específicos que te dará esta cualidad:

Asumir un desafío te hace avanzar

Cuando trabajé en ese empleo durante el verano en el equipo de mantenimiento, no me llevó mucho tiempo darme cuenta de quién tenía algún objetivo y quién estaba simplemente por estar. Tú habrás experimentado lo mismo en los lugares donde has trabajado. Puedes observar el entorno y ver de inmediato quién progresa. ¿Cuál es el signo revelador? De manera invariable, la persona que progresa es la que está dispuesta a asumir un desafío.

Kevin Lunn, un consultor sobresaliente de Deloitte & Touche en Kansas City, me cuenta que su compañía está constantemente buscando empleados que sepan cómo aprovechar oportunidades nuevas. Lo expresa de este modo: «sin iniciativa no hay ingresos». En otras palabras, sus empleados destacados en su desempeño permanecen siempre alertas en busca de oportunidades para ejecutar «adiciones» que puedan convertir un proyecto a corto plazo en otro más amplio. No se conforman solo con salir a la calle para hacer su trabajo, sino que observan de qué manera pueden ampliar ese trabajo al ayudar a un cliente a resolver otro desafío. En realidad, en un sentido muy real, están en busca de desafíos a fin de asumirlos. No solo los asumen sino que los persiguen, y es esta cualidad lo que los hace avanzar. Estos son los empleados que consiguen mejores oportunidades, ganan más dinero y se aseguran los ascensos en el trabajo. Esta es una realidad en todos los ámbitos. Los que aprenden a asumir un desafío, progresan.

Asumir un desafío te aumenta el gozo

Si bien las personas de bajo desempeño llegan a creer que el camino fácil se encuentra al evitar un desafío, en realidad se están perdiendo de disfrutar el placer absoluto que ofrece el hecho de concretar un objetivo. Creo que esto es a lo que apuntaba Pearl Buck cuando dijo: «El secreto del gozo en el trabajo se resume en una palabra: excelencia. Saber cómo hacer algo bien es sinónimo de disfrutarlo».

Cerca de mi casa en Seattle hay una pequeña panadería que se precia de complacer a sus clientes. Si deseas una determinada clase de galletas que no se encuentran en los exhibidores, regresa al día siguiente y te la habrán preparado. Si apeteces un pastel de moras y no es la época para esa fruta, las van a encontrar y lo harán. Si quieres una torta de bodas hecha con una antigua receta familiar, se la llevas y te la hacen.

—¿Por qué no se conforman con los artículos que ustedes hacen y listo? —le pregunté a Julie, la dueña.

—¿Y dónde está la diversión si hacemos eso? —respondió—. Un desafío nuevo es lo que me mantiene entusiasmada para venir a trabajar.

Y agregó:

—Se siente tanto gozo al hacer las cosas bien.

Y es así. Pregúntaselo a cualquiera que domine el arte de asumir un desafío. En realidad, ni siquiera hace falta que lo preguntes porque lo puedes ver reflejado en su rostro. Concretar un objetivo les produce un gozo tremendo.

Asumir un desafío te mantiene optimista

Tal como señalé en el capítulo anterior, el optimismo previene que la gente experimente la sensación de incapacidad. Si buscas una manera concreta de generar optimismo en tu espíritu, todo lo que tienes que hacer es asumir de manera genuina un desafío. El optimismo es el resultado inevitable de esta clase de iniciativa.

El explorador inglés George Mallory soñaba con conquistar el Monte Everest, pero murió en el último intento de lograrlo. Una historia apócrifa acerca de su vida declara que los amigos que estaban en Inglaterra invitaron a los sobrevivientes de la última expedición a un banquete en honor de Mallory y su valeroso equipo. Cuando estaba por terminar, un miembro del grupo de sobrevivientes se puso de pie y miró las fotografías de Mallory y sus camaradas fallecidos que estaban diseminadas por todo el salón. Luego, con lágrimas en los ojos, giró el rostro hacia un cuadro inmenso del Monte Everest que se hallaba detrás de la mesa del banquete y dijo: «Monte Everest, nos venciste una vez, nos venciste dos veces, nos venciste tres veces. Pero algún día te venceremos, porque tú no puedes hacerte más grande, ¡pero nosotros sí!»

> A veces en la vida hay que decidir cuándo es bueno no escuchar lo que dice la gente ... Si yo hubiese escuchado a los demás, no habría escalado el Monte Everest.
> **Stacy Allison, primera mujer norteamericana en llegar a la cima del Everest**

Este grupo de camaradas continuaba siendo optimista porque seguía aferrado a su desafío. No lo iban a dejar pasar y eso les mantenía viva la esperanza. Tal como dije antes, es imposible que no se genere optimismo cuando uno hace esto.

Asumir un desafío te fortalece

Jack Badal, guardia de un zoológico, invitó a su amigo Gary Richmond a presenciar un fenómeno asombroso: una jirafa de Angola iba a dar a luz. De pie junto a Jack, él observaba a esa criatura elegante que estaba parada y bien erguida. En ese momento se asomaron las patas delanteras y la cabeza de la cría.

—¿Cuándo se va a acostar? —le preguntó a Jack.

—No, no se va a acostar —respondió.

—¡Pero hay una distancia de casi diez pies hasta el suelo! —exclamó—. ¿Nadie va a atajar a la cría?

—Intenta tú atajarla si quieres —contestó Jack—, pero su madre tiene la suficiente fuerza en las patas traseras como para arrancarte la cabeza de una patada.

hacerse eco de esto, pero solo en actividades a gran escala. A todos nos encantan las historias dramáticas y singulares en las que se enfrenta un desafío (como el prestarle literalmente los zapatos a un cliente), pero si en verdad deseas dominar esta cualidad, también debes hacerlo cuando surgen pequeños retos.

Permíteme darte como ejemplo una situación que hace poco se le presentó a mi esposa. Estaba comprando algunos artículos en un supermercado muy conocido. Cuando sacó la tarjeta de crédito y se la entregó a la cajera, la mujer le indicó que ella misma la pasara por la máquina.

—La banda magnética está gastada y no funciona —le dijo a la cajera.

La mujer examinó la tarjeta, la pasó por la máquina y, desde luego, la banda magnética no funcionaba. Frente a eso, hizo un gesto con los ojos, dijo algo entre dientes y agregó:

—Necesito otra forma de pago.

—La tarjeta todavía es válida. Solo tiene que ingresar los números de forma manual —le instó Leslie.

—No nos gusta hacer eso porque si hay un número equivocado, se lo cobran a otra persona —se quejó la mujer.

—Está bien, pero no tengo otra forma de pagar. ¿Quiere que coloque los artículos de vuelta donde estaban?

—Déme la tarjeta —le dijo la cajera irritada.

¿Alguna vez te sucedió? Seguro que sí. Nos ha pasado a todos. Todos hemos tenido que enfrentarnos con personas malhumoradas que trabajan en contacto directo con los clientes y que no quieren tener nada que ver con el más mínimo desafío.

Por esta razón, a medida que aprendas a asumir más desafíos, deseo estimularte a que les prestes más atención a las pequeñas «oportunidades». Piensa qué diferente habría sido la situación para mi esposa como clienta de esa tienda si la cajera hubiese manejado las cosas de este modo:

Leslie: «La banda magnética está gastada y no funciona».
Cajera: «No hay problema. Puedo ingresar los números a mano».
Leslie: «Gracias; lamento el inconveniente».
Cajera: «No se preocupe. Solo tengo que asegurarme de poner bien los números».

Es así de simple. Todos los días te encuentras oportunidades de asumir un pequeño desafío. Y cada vez que lo hagas, entrenarás más el cerebro para enfrentar otros desafíos mayores que se te presenten en el camino.

Vacúnate contra las críticas

Como un niño creciendo en Nueva Inglaterra, pasaba la mayoría de los veranos en la costa rocosa de Maine. Todos los chicos de esa parte del país aprenden una o dos lecciones de los pescadores que colocan las redes y trampas a lo largo de la costa para atrapar langostas y cangrejos. Jamás voy a olvidar una lección involuntaria que aprendí a los doce años de un pescador en un muelle en York Harbor. Me mostró lo fácil que le resulta escapar de la trampa a un cangrejo... y por qué no lo hace nunca.

Los cangrejos son lo suficiente ágiles e inteligentes como para escaparse de cualquier trampa de esa clase, y aun así se pescan de a miles todos los días. ¿Por qué? Debido a un rasgo particularmente humano que poseen.

La jaula de alambre que forma la trampa, la cual contiene la carnada, tiene un agujero en la parte superior. Una vez que es sumergida en el agua, un cangrejo trepa y se mete para buscar la carnada. Después lo hace un segundo cangrejo y más tarde un tercero. Al final, la trampa se llena de cangrejos y desaparece la carnada. Allí es cuando se produce un fenómeno asombroso entre esos animales. Uno de ellos trepa por el costado de la jaula para escapar por el agujero... pero los otros no lo dejan salir. Lo tironean hacia abajo una y otra vez. ¿Por qué? Una teoría dice que un cangrejo que se siente atrapado va a intentar treparse a cualquier cosa para salvarse. Por desdicha, si todos los cangrejos que hay en la trampa hacen lo mismo (cosa que en realidad hacen), en lugar de trepar, se tiran abajo unos a otros. El resultado: ningún cangrejo puede escapar.

> Coraje es estar muerto de miedo y aun así ensillar el caballo.
> **John Wayne**

Puedes estar seguro de esto: los cangrejos siempre impiden que los demás tengan éxito.

¿Te sientes a veces como un cangrejo tratando de escapar de la trampa? ¿Experimentas la sensación de querer rendirte porque los que te rodean te tiran abajo? ¿Escuchas críticas negativas que te tientan a dejar de intentar algo?

Por supuesto que sí. ¿Quién no?

La diferencia entre la persona que triunfa y la que fracasa no está en el hecho de escuchar críticas negativas o no. ¡Todos somos criticados! La diferencia se halla en cómo manejan esas críticas.

Cuando asumas un desafío, es probable que escuches decir a otros que no estás capacitado para eso, que eres un soñador o un idealista, que otros intentaron y fracasaron, que estás perdiendo el tiempo o que simplemente no tienes lo que se requiere.

¿Qué habría sucedido si Einstein le hubiese prestado atención a Robert Millikan, ganador del premio Nobel de física en 1923, cuando dijo: «No hay ninguna posibilidad de que el hombre pueda utilizar el poder del átomo»?

¿Qué habría pasado si los hermanos Wright hubiesen escuchado al presidente de la Real Sociedad Inglesa en 1885 cuando dijo: «Es imposible que vuelen máquinas más pesadas que el aire»?

¿Qué habría ocurrido si Henry Ford le hubiese hecho caso al American Road Congress [Congreso Americano de Caminos] que declaró: «Es una utopía imaginar que los automóviles lleguen a reemplazar al ferrocarril en el transporte de pasajeros a larga distancia»?

¿Qué habría sucedido si Bill Gates le hubiese prestado atención a Ken Olsen, presidente de Digital Equipment Corporation [Compañía de Equipamiento Digital], cuando expresó: «No hay razón para que las personas tengan una computadora en su casa?

¿Y si Lance Armstrong se hubiese dejado influir por los críticos y escépticos que le decían que era imposible obtener siete victorias consecutivas en el agotador Tour de Francia... sin mencionar el tema de triunfar sobre un cáncer.

Lo vuelvo a repetir: La diferencia entre la persona que triunfa y la que fracasa al enfrentarse a un desafío no está en el hecho de escuchar críticas negativas o no, sino en si se rinde ante esas voces destructivas y abandona sus intentos de superarlo.

El negativismo es una fuerza poderosa, pero no para la persona que está consagrada a hacer «lo que sea necesario». A ella no la vas a encontrar revolcándose en las críticas destructivas, porque está demasiado ocupada descubriendo las soluciones que esos críticos jamás intentarán ni siquiera buscar.

Ten la disposición para enfrentar los comentarios constructivos

Tengo que confesar que hay una diferencia entre vacunarse contra la crítica destructiva y estar abierto a los comentarios constructivos. Lo primero tiene que ver con el hecho de resistir la crítica que te destruirá, mientras que lo último se refiere a prestarle atención a aquello que en última instancia te elevará a niveles más sobresalientes. Permíteme ilustrarlo con una historia personal.

Uno de los mayores desafíos que tuve que enfrentar fue subirme a un escenario delante de una audiencia y convertirme en orador público. Sentí el llamado a dedicarme a eso, pero me moría de miedo. Con el paso del tiempo y la práctica, comencé a sentirme más cómodo en ese tipo de situaciones; pero en lo profundo de mi ser, sabía que aún no me había enfrentado con el verdadero desafío. Dado que me invitaban a hablar, me daba cuenta de que era un orador aceptable. No obstante, deseaba mejorar, quería ser excelente, y estaba consciente de que nunca podría dar lo mejor de mí si no estaba dispuesto a enfrentar la crítica.

Fue entonces que decidí pedir que me hicieran comentarios sobre mi desempeño. Hace más de veinte años comencé a repartirle formularios a la gente que me escuchaba. Todavía me siento humillado ante algunos de los comentarios que leí en esas tarjetas. También les pedí a algunos oradores a los que admiro que criticaran las grabaciones de mis presentaciones. ¡Vaya! Fueron amables pero honestos. Por último, contraté a una profesional de la ciudad de Nueva York que había entrenado a algunos de los oradores y conductores de televisión más destacados del país. ¡Estamos hablando de afrontar las consecuencias de la crítica! Bueno, ella sí que no tenía pelos en la lengua. Iba directo al grano y no se callaba nada. Con una honestidad brutal, dijo algo como: «Ahí estás otra vez. ¿Por qué tienes que apoyarte tanto en el púlpito? Parece que fueras perezoso» o «No estás exponiendo los puntos más importantes. Eres demasiado tímido. Dilo claro y fuerte» o «Tu cara da la impresión de que no cree lo que está diciendo tu boca».

Tal como dije, no tenía pelos en la lengua, y gran parte de mi carrera como orador se la debo a ella. Sin una crítica constructiva directa es casi imposible aprender el delicado arte de asumir un desafío, cualquiera que sea. Así que, si en verdad estás decidido a aprender a enfrentar cualquier cosa que se interponga en tu camino que te impida hacer «lo que sea necesario», tienes que invitar a alguien para que te obligue a afrontar la crítica.

Permíteme enfatizar este concepto con una historia verídica tomada del filme *Música del Corazón*. Está basada en la vida de Roberta Guaspari, que es representada por Meryl Streep.[4] Roberta es una madre soltera que da clases de violín a alumnos de los barrios bajos de Nueva York. Su pasión y dedicación inspiran a miles de jóvenes a querer sobresalir tanto en la música como en la vida, y ella los capacita para que logren ese objetivo haciendo que literalmente enfrenten el sonido de las críticas.

En una escena, Roberta se reúne con el director de la escuela y la madre de un alumno que argumenta que la profesora les grita a los estudiantes. Esta responde que solo lo hace cuando ellos no escuchan. La madre pregunta:

—¿No les dijo usted que estaban haciendo enfermar a los padres?

Roberta se ríe un poco molesta y le dice que eso no fue lo que dijo con exactitud.

—Estoy criando a Becky en una atmósfera beneficiosa. No la mandé a la escuela para que abusaran de ella —insiste la madre.

—Simplemente estoy tratando de enseñarles a tener disciplina, eso es todo. Si uno desea tocar un instrumento muy difícil, tiene que tomarlo con seriedad. Tiene que concentrarse, que prestar atención —responde Roberta.

El director interrumpe a Roberta y le dice que debería moderar sus comentarios, y ella acepta de manera renuente. En la escena siguiente, Roberta aparece instruyendo a sus alumnos, todos de alrededor de diez años de edad. Están fuera de ritmo y tocan mal, y además se dan cuenta. Roberta hace una pausa y dice:

—Bueno, está bastante bien, no es tan terrible.

Los alumnos se sorprenden, y uno dice:

—No es cierto, fue un asco.

—Bueno, yo no lo diría de ese modo. Simplemente diría que la gente podría ensayar un poco más —responde Roberta.

Le preguntó a un alumno si lo hacía y él le dijo que no. Entonces lo alentó para que se esforzara un poco más para la semana siguiente.

—Todo lo que tienes que hacer es dar lo mejor de ti.

Uno de los alumnos dice lo que siente y pregunta:

—Roberta, ¿por qué estás actuando así, de una manera como amable?

—Bueno, ¿no querían una maestra amable?

Él responde que ya tienen maestros amables y que quieren algo distinto. Otro alumno dice:

—Nos gustas más de la manera que eras antes.

Todos coinciden. Una niña dice:

—Es cierto, esto es peor que lo otro. Ahora actúas raro.

Roberta sonríe y dice:

—Está bien, volvamos atrás. ¡Dan asco!

Todos los chicos se ríen.

—No les cuenten a sus padres lo que dije. Ahora vamos a intentarlo de nuevo. Háganlo bien esta vez, párense derechos.

> El mayor desafío para cualquier pensador es enunciar un problema de una manera tal que permita una solución.
> **Bertrand Russell**

Todo el que desea seriamente mejorar en el área de asumir desafíos necesita a una Roberta Guaspari en su vida. No sé quién puede cumplir esta función en tu caso. Tal vez tu jefe, un compañero que respetas mucho, un mentor experimentado o tu mejor amigo. Quienquiera que sea, tiene que oírlo directamente de ti. Necesita escuchar que tú le pides que te hable de tu vida, que lo instas a que sea honesto, que entienda cuál es tu objetivo y cómo puede ayudarte a lograrlo.

Entonces, ¿quién es esa persona que te puede ayudar a sobresalir en el área de asumir desafíos? Es probable que ya la tengas en mente; todo lo que tienes que hacer es pedírselo. Pero si no se te ocurre nadie, es necesario que encuentres a alguien que te pueda ayudar a enfrentar la crítica y esté dispuesto a hablarte con honestidad. Debes hallar a tu Roberta Guaspari, y cuando la encuentres, te sorprenderá lo rápido que tu vida se pondrá a tono.

Se requieren tres segundos para asumir un buen desafío

Aquí los tienes. Tres pasos prácticos que te ayudarán en este sendero: (1) no rechaces oportunidades de asumir un desafío; (2) vacúnate contra las críticas que te quieren destruir; e (3) invita a alguien a que te brinde comentarios honestos y constructivos para tu vida.

Antes de concluir con este capítulo, quiero recordarte el poder de una frase sencilla: «Me encantan los desafíos». Lo voy a decir otra vez: Estas cuatro palabras tienen una especie de energía latente para todo aquel que hace «lo que sea necesario». Exprésatelas a ti mismo en este preciso instante... solo toma tres segundos. Observarás que aun cuando lo digas de manera abstracta, es decir, sin aplicarlo a ningún desafío en particular, en realidad estarás fortaleciéndote con una actitud ganadora. Y cuando las digas en voz alta al enfrentar un desafío, vas a descubrir el verdadero poder que encierran.

Al escribir este capítulo, tuve que limitar la cantidad de historias que pude haberte relatado sobre personas que practican este hábito de asumir desafíos. He reunido una provisión al parecer infinita de experiencias inspiradoras de personas que superaron retos, tanto grandes como pequeños, a fin de concretar algo grandioso. En realidad, si solo me refiriera a historias que he guardado de individuos que asumieron un desafío para sobresalir en los Juegos Olímpicos, podría con facilidad escribir un libro completo con esos logros asombrosos.

No quiero recargarte con una serie de relatos sobre estas personas inspiradoras, así que, permíteme dejarte con un solo caso. Se llama Wilma Rudolph.

Wilma era la número veinte de veintidós hermanos (¡algunos dirían que su madre fue la que asumió el desafío!). Tras haber nacido prematura, los médicos no tenían esperanzas de que sobreviviera. Lo hizo, pero a los cuatro años de edad contrajo neumonía doble y fiebre escarlata, lo cual le dejó la pierna izquierda paralizada y un poco deforme. Aprendió a caminar con la ayuda de un aparato ortopédico de metal.

Cuando Wilma cumplió nueve años, decidió quitarse el aparato ortopédico y empezar a caminar sin él... y lo logró. A los trece años ya había desarrollado un andar equilibrado. Ese mismo año se propuso comenzar a correr... y lo logró. Participó por primera vez en una carrera y llegó última.

Durante los tres años siguientes, Wilma siempre llegó última en todas las carreras que participó. No obstante, siguió compitiendo hasta que un día ganó. Con el paso del tiempo, la pequeña niña que supuestamente no iba a vivir, y que luego al parecer no sería capaz de caminar, ganó tres medallas de oro en los Juegos Olímpicos de 1960 en Roma.

> Lo que no nos mata nos hace más fuertes.
> **Friedrich Nietzsche**

¿Te parece que a Wilma Rudolph le encantaban los desafíos? Sin ninguna duda. Y es probable que a ti también te gusten. Sin embargo, si te sientes tentado a ceder ante tu primer impulso y decir: «Es demasiado difícil para siquiera intentarlo», tal vez quieras comenzar a pensar en Wilma. Imagínate la cantidad de veces que habrá tenido que luchar contra ese mismo impulso. ¡Imagínate la cantidad de veces que habrá tenido que batirse a duelo con esa actitud para derrotarla!

Piensa en la cantidad de veces que se habrá tomado tres segundos para repetirse a sí misma: «Me encantan los desafíos». Y también imagínate cómo esa actitud le habrá incentivado su capacidad para hacer «lo que sea necesario».

Preguntas para la reflexión personal

1. ¿Te identificas con Seth Gary, el gerente del hotel mencionado al principio del capítulo? ¿Te puedes ver asumiendo el mismo desafío de una manera similar si estuvieras en su lugar? ¿Por qué sí o por que no?

2. Cuando te enfrentas con un desafío, ¿tu primer impulso es decir que es demasiado difícil, o tiendes a aceptar el reto e intentas enfrentarlo con sinceridad? En cualquier caso, ¿qué ejemplos personales puedes dar que demuestren tu tendencia?

3. El capítulo señala varias razones para asumir un desafío: Te hace progresar, aumenta el gozo, te mantiene optimista, te fortalece y hace que sigas creciendo. ¿Cuál de las razones que se mencionan aquí te motivan más y por qué?

4. ¿En qué ocasiones, si las hubiere, es más probable que veas los «problemas» como «oportunidades»? ¿Alguna vez reformulaste una situación difícil de esta manera? ¿Cómo favoreció tu capacidad para progresar?

5. Quizá uno de los desafíos que experimentas en el día de hoy se deriva directamente de este capítulo: enfrentar la crítica. Si tomas en serio la tarea de mejorar en el área de asumir desafíos, necesitas a alguien que te brinde comentarios constructivos honestos, alguien que te diga las cosas con libertad. ¿Quién es, o puede ser, esa persona para ti?

3

Se requieren tres segundos para... avivar tu pasión

Solo las pasiones, las grandes pasiones, pueden elevar el alma hacia grandes cosas.

Denis Diderot

Todos los años en otoño doy una clase dedicada a ayudar a mis alumnos universitarios a conseguir una visión para sus vidas. Es un curso general electivo que no se requiere ni para graduarse ni para completar una especialidad. Por este motivo, los alumnos que asisten provienen de todas partes. Algunos procuran obtener una especialización, otros estudian administración, psicología, historia o informática, y otros todavía están tratando de decidir qué hacer.

Cualquiera sea el rumbo que decidas tomar, siempre hay alguien para decirte que estás equivocado. Siempre se presentan dificultades que te inducen a creer que los que te critican tienen razón. Planificar un curso de acción y seguirlo hasta el final requiere... coraje.
Ralph Waldo Emerson

Cuento con alrededor de veinte días de clases divididos en varias semanas con el propósito de ayudarlos a obtener una visión personal de su futuro... una visión que llenará sus vidas de significado y pasión. Esa clase de visión que les acelere el ritmo cardíaco y que no sea un medio para alcanzar otra cosa sino una recompensa en sí misma.

No les hablo de cómo conseguir un buen trabajo o planificar una carrera. Las exposiciones que brindo están repletas de sabiduría histórica y de las últimas investigaciones sobre la manera de lograr lo mejor en la vida al aprovechar al máximo los días que uno tiene en este planeta. En resumen, hago todo lo que está a mi alcance para brindarles a estos alumnos un «momento decisivo» que los lleve a elevar sus expectativas y cambiar para siempre el curso de sus vidas.

No es una hazaña insignificante si se considera que se trata de un salón lleno de veinteañeros. La mitad de los que asisten son tan pasivos que apenas tienen planes para el fin de semana, menos aun para sus vidas. Y la otra mitad es tan idealista que cree que la puerta gigante del futuro soñado se abrirá de forma automática ni bien se gradúen. Es por eso que al final de cada semestre de la temporada de otoño me pregunto si el curso en realidad vale la pena. Es la clase más difícil... no para los alumnos sino para mí. Todos los años escribo y vuelvo a escribir lo que expongo. Me esfuerzo muchísimo para coordinar fragmentos de películas con historias inspiradoras de la vida real a fin de ilustrar los temas que desarrollo. Indago a través de mis contactos para encontrar algunas «lecciones vivientes» —personas que conozco y que son visionarias y apasionadas— y las invito a asistir a la clase y contar su historia. Hago todo lo que puedo para que este curso les resulte interesante a los alumnos pero, al final del semestre, nunca estoy seguro de haberlo logrado.

> Si uno avanza confiado hacia el objetivo de sus sueños, y se esfuerza por vivir la vida que imaginó, se encontrará con un éxito inesperado en cualquier momento.
> **Henry David Thoreau**

No me malentiendas. Sé que la clase es provechosa, que el contenido tiene fundamento y que suele ser estimulante; lo que no sé es si penetra, es decir, si el mensaje marca alguna diferencia en la vida de los alumnos después de haber finalizado el semestre. No obstante, de vez en cuando recibo una carta que me mantiene motivado. La última que recibí era de Dave, un alumno que asistió a la clase hace cinco años.

Querido Dr. Parrott:

No sé si se acordará de mí, pero me sentí impulsado a enviarle esta carta. Le escribo desde Yakarta, Indonesia, donde trabajo para una conocida compañía internacional de calzado. Es el trabajo de mis sueños, y no lo habría conseguido si no hubiera asistido a sus clases.

En aquel momento, mi meta primordial era graduarme (una prioridad para un miembro de mi familia) y encontrar un trabajo decente cuando regresara a mi casa en Oregon. Pero un día durante la clase, usted nos hizo escribir qué haríamos con nuestra vida si estuviésemos «soñando en grande»... si el tiempo, el dinero y la capacitación no fueran un obstáculo.

Todavía conservo la hoja de cuaderno en la que escribí ese día. Puse que quería vivir en Beaverton, Oregon, y con el tiempo llegar a administrar una tienda local de artículos deportivos donde trabajan mi papá y mi hermano. Usted leyó lo que escribí y me hizo un desafío. «¿Esto es en realidad lo que apasionas de corazón?», me preguntó. «¿Esto hace que el corazón se te acelere?» Nadie me había hablado nunca acerca de la visión que pudiera tener. Antes de asistir a su clase, jamás había pensado en ese asunto.

Así que, luego de recibir su estímulo, escribí que lo que en verdad deseaba hacer era trabajar para Nike. Una vez más, me desafió para que fuera más específico. Así que escribí que deseaba ser vicepresidente y trabajar en el ámbito internacional a fin de utilizar mi trabajo para hacer el bien en el mundo, en especial a los niños con menos recursos. Me pidió que lo imaginara, que describiera cómo sería un día ideal en mi trabajo ideal.

Bueno, fue en su clase donde me entusiasmé y elaboré una imagen definida de lo que deseaba para mi futuro. Durante los dos últimos años he estado viajando por todo el mundo promocionando torneos de fútbol para niños que, en algunos casos, jamás podrían comprarse un par de zapatos deportivos si no fuera por lo que hago. ¡Durante los próximos dos años esperamos alcanzar tres millones de niños en treinta y nueve países! ¡Es sumamente emocionante y no puedo creer que me paguen por hacer esto!

De todos modos, pensé que le agradaría saber que usted me hizo elevar la visión en cuanto a lo que podía hacer con mi vida, y siempre le estaré agradecido por eso.

Esta es la clase de carta que todo profesor anhela recibir. Nos hace recordar que el trabajo que hacemos es importante y renueva nuestra pasión por la enseñanza. Y la pasión es lo que nos lleva a seguir avanzando. Combinada con la visión, la pasión obra en nosotros desde dentro hacia fuera, y nos motiva para que continuemos trabajando y esforzándonos.

Cómo te beneficia la pasión

Andrew Carnegie dijo: «Las personas que son incapaces de motivarse a sí mismas deben contentarse con la mediocridad, aun cuando los otros talentos que posean sean sumamente impresionantes». Carnegie sin duda sabía que era así. En el siglo XIX, este hombre se convirtió por sus propios esfuerzos en el filántropo más acaudalado del mundo.

¿A quién le gusta conformarse con la mediocridad? ¡A nadie que tenga una pasión! Una persona motivada no se contenta con nada que esté por debajo de lo grandioso. Es por eso que la pasión suele ser la diferencia decisiva entre la mediocridad y la grandeza. Si una persona tiene pasión, puedes estar casi seguro de que ordenó sus prioridades a fin de lograr esa grandeza y también cultivó la suficiente constancia para alcanzarla.

> El capital no escasea, la visión sí.
> **Sam Walton**

La pasión ordena las prioridades

Si casi no puedes ganar lo suficiente como para poner comida sobre la mesa, el hecho de perseguir una pasión es un lujo desatinado, ¿no es así? Y lanzarte a concretar un proyecto complicado es la última cosa que considerarías cuando apenas puedes atravesar los momentos difíciles. No obstante, eso es exactamente lo que hizo la escritora J. K. Rowling durante la etapa más engorrosa de su vida. Después de la ruptura de su primer matrimonio, se convirtió en una recién madre soltera que luchaba para mantener a su hija en una nueva ciudad a la que se había mudado y donde no conocía prácticamente a nadie. En medio de esas circunstancias, Rowling se entregó a su pasión por escribir y a su visión de convertirse en una novelista cuyas obras fueran publicadas. «Estaba muy deprimida y tenía que lograr algún objetivo. Sin ese desafío me habría vuelto completamente loca».

Era el año 1994, cuando su bebé, Jessica, se dormía, Rowling iba hasta el café más cercano y aprovechaba los momentos de tranquilidad para garabatear furiosamente los cuentos de Harry Potter, el niño mago. El resto es historia literaria. Esta mujer, que en una época recibía asistencia de la seguridad social, en la actualidad se considera que es más rica que la reina de Inglaterra. Y eso jamás habría sucedido sin pasión. Debido a su pasión, Rowling hizo sacrificios tremendos. La prioridad número uno era escribir su libro, aun cuando eso significara depender de la asistencia pública.

La pasión genera constancia

«El deseo ardiente de ser o hacer algo nos da tenacidad», dice la educadora y escritora Marsha Sinetar. Ella está hablando de la pasión, esa cualidad que te permite reunir las fuerzas para levantarte y comenzar otra vez después de experimentar una decepción. Dado que el camino que lleva a concretar toda gran visión está repleto de desilusiones y dificultades, la pasión es esencial para que mantengamos la tenacidad.

Todd Huston sabe esto mejor que nadie. Cuando vio un anuncio dirigido a escaladores interesados en establecer nuevas marcas, captó de inmediato la visión. El objetivo era superar la marca de velocidad establecida para escalar el monte más elevado en cada uno de los cincuenta estados de los Estados Unidos de América. La marca actual era de un poco más de cien días, y esa era una meta que podía despertar la pasión de Todd. Buscó el consejo de escaladores expertos y se entrenó con mucho esfuerzo. Cuando se acercaba la fecha de partida establecida para abril de 1994, ya estaba preparado.

Todo siguió su curso normal hasta febrero, cuando la organización que lo auspiciaba lo llamó y le dijo que los fondos para la expedición ya no estaban disponibles y que el proyecto se había cancelado. Todd se sentía devastado; toda la planificación y el entrenamiento habían sido en vano. Sin embargo, cuanto más analizaba sus posibilidades, algo se tornaba evidente: si bien los medios no estaban disponibles, su pasión seguía vigente.

Todd comenzó de inmediato a buscar fondos para mantener viva la visión. Denominó su proyecto «Summit America» [Cumbre de América] y se dijo a sí mismo y a sus auspiciantes: «Dios mediante, encontraré la manera de conseguir que esta expedición se concrete». Su ardua tarea y determinación tuvieron fruto. En junio, solo dos meses después de la fecha original de partida, Todd comenzó su primer ascenso en el Monte McKinley en Alaska. Uno tras otro fue conquistando los puntos más elevados de cada estado.

El 7 de agosto de 1994, solo sesenta y seis días después de haber comenzado, Todd escaló la última cumbre en Hawai. Su expedición superó por treinta y cinco días la antigua marca de ascensos. Había vencido muchos obstáculos y en verdad concretado su meta soñada: «Cumbre de América».

Pero hay algo más que deberías saber acerca de Todd, un detalle que lo hace ser un alpinista muy poco común. Trece años antes de la «Cumbre de América», a Todd Huston le habían amputado la pierna derecha después de un accidente de navegación. Cuando terminó de escalar los montes luego de sesenta y seis días, superó la marca de los *físicamente capacitados*. Debido a su fe y pasión personales, Todd, un escalador de montañas sumamente inusual, se convirtió en campeón de alpinistas.

A los que realizan hazañas por lo general se les pregunta: «¿De dónde sacas esa energía? ¿Cómo logras concretar tantas cosas?» La gente hace estas preguntas porque cree que esas personas tienen algún secreto que los lleva a ser tan productivos, que saben algo que los demás desconocen. Pero si existiese algún secreto, este se encontraría en una sola palabra: pasión.

¿Puedes imaginarte a Pablo Picasso arrastrándose hacia su taller de pintura y forzándose a pintar porque tenía que cumplir con un horario? Por supuesto que no. La imagen es absurda. Él no podía evitar pintar porque esa era su pasión. Si había algo para lo cual tenía que esforzarse era para comer, dado que su pintura le consumía todo el tiempo.

Sin embargo, no tienes que ser un artista reconocido mundialmente para experimentar esta clase de pasión. Un mecánico de automotores o un herrero pueden sentir pasión por lo que hacen. Tengo un amigo al que le apasiona el desafío de averiguar qué es lo que hace que una máquina funcione. Todo comenzó cuando era niño y arregló el abridor de latas eléctrico de su madre. El verano pasado no podía encontrar un sistema de riego que se adaptara al jardín que tiene su esposa, así que él mismo diseñó uno y lo fabricó en el sótano de su casa. En realidad, si recorres esa casa, vas a descubrir toda clase de artefactos mecánicos singulares hechos por él. Desde cortinas eléctricas para proteger la cocina de los rayos solares hasta una pequeña caja de desechos para el gato que se limpia por sí misma, él ha dedicado una innumerable cantidad de horas a esta clase de actividad. Le encanta. Prefiere no mirar televisión ni ir al cine para poder quedarse a trabajar en su taller.

Los psicólogos denominan a este fenómeno «flujo». Es el estado de perderse en el trabajo que uno hace. Cuando experimentamos ese fluir, da la impresión de que manejamos todo sin esfuerzo y nos adaptamos con facilidad a las demandas cambiantes. La motivación se halla en la propia actividad que realizamos, y que de por sí nos proporciona deleite.

Piénsalo de este modo: muchos padres intentan motivar a los hijos mediante un sistema de recompensas. Por ejemplo: «Si terminas esta hoja de operaciones matemáticas, te doy un chocolate». Convertimos algo desagradable —resolver problemas matemáticos— en un medio para conseguir algo agradable. Si un niño no posee una pasión interna hacia una tarea, tenemos que encontrar una motivación externa. Como padre de un niño que está en primer grado, conozco esto por mi propia experiencia. En ocasiones, parece ser que a mi hijo le resulta una verdadera agonía tener que aprender a deletrear una lista de palabras o el nombre de los estados del país.

Desde luego, los adultos también podemos ser motivados por recompensas externas para que hagamos cosas que de otro modo no haríamos. Si no te encanta tu trabajo, si raras veces te hallas en el estado de fluidez, es probable que solo estés allí para cobrar el sueldo. Pero aquí está la cuestión: para la persona que tiene pasión por su labor, la recompensa se halla incorporada en lo que hace, se encuentra inmersa en un flujo al estar dedicada a concretar su visión. En mi caso, mi trabajo actúa de ese modo. ¿No es así como te gustaría vivir la vida?

Los incentivos tradicionales no logran el objetivo cuando lo que se busca es que nos desempeñemos dando lo mejor de nosotros. Para alcanzar el escalón más elevado, las personas deben amar lo que hacen y sentir placer al hacerlo.

La pasión comienza con una visión

Así que, ¿qué harías si de repente supieras que eres tan rico que jamás en tu vida tendrás que volver a trabajar? Si pudieras hacer cualquier cosa que desearas con tu vida, ¿harías lo que estás haciendo en este momento? ¿Eres como Dave, mi alumno, que no puede creer que le paguen por hacer lo que le encanta?

Si es así, formas parte de la minoría. De lo contrario, quiero mostrarte cómo puedes sentir pasión por lo que haces con tu vida. El primer paso es tener siempre una visión. Como en el caso de mis alumnos, la mayoría de la gente deja que la vida transcurra así como está y solo considera lo que se le presenta en el camino. Sin embargo, todos los que alguna vez experimentaron la sensación emocionante que produce una pasión comenzaron teniendo una visión. Estas personas ven *más allá* de sus circunstancias. Me refiero a lo siguiente:

- En 1774, John Adams declaró valientemente: «Veo que algún día habrá una unión de trece estados, una nueva nación, independiente de Inglaterra». En ese momento parecía imposible lograrlo. No obstante, solo unos años después y contra todo lo predecible, nació una nación nueva.
- A fines del siglo XIX, los hermanos Wright dijeron: «Alguna día la gente va a volar por el aire». Diez años después de hacer esa declaración, su primer aeroplano despegó de la tierra en Kitty Hawk, Carolina del Norte.
- En 1907, Henry Ford le dijo a un pequeño grupo de empleados: «Algún día casi todas las familias en los Estados Unidos de América podrán comprarse un automóvil». Quince años más tarde, su compañía no daba abasto para fabricar el modelo T.
- En la década de 1920, Robert Woodruff, quien había sido presidente de Coca-Cola por más de treinta años, dijo:

«Algún día todo hombre que vista uniforme podrá comprar una botella de Coca-Cola por cinco centavos en cualquier parte del mundo». Aunque el precio ha cambiado, en la actualidad la Coca-Cola se vende en más de doscientos países.

- En la década de 1940, Billy Graham y un grupo de amigos dijeron: «Algún día llenaremos estadios en todo el mundo para que la gente escuche el evangelio de forma personal y por televisión». En el día de hoy, más de mil millones de personas han visto por lo menos una de sus campañas.
- En 1974, Bill Gates y Paul Allen se pararon en Harvard Square y dijeron: «Algún día habrá una computadora personal en cada casa y nosotros les proveeremos los programas». La gente usa más de cien mil millones de computadoras personales todos los días.

La pasión de cada una de estas personas se generó a partir de una visión, un cuadro real del futuro. Podían verlo, podían sentirlo. Y en el caso de Robert Woodruff, incluso podían saborearlo.

●

Una vez que te apropias de una visión para el futuro (y la función que desempeñas en ella), nace la pasión. En realidad, como suelo decirles a mis alumnos: *La visión es un cuadro del futuro que nos brinda pasión en el presente.*

Y a propósito, quiero agregar que no creo que solo se tenga una visión única en la vida, y que si no aparece mientras estás en la universidad, no tuviste suerte. Por el contrario, creo que nuestra visión suele cambiar con el paso del tiempo. Aun cuando mis alumnos descubran una visión mientras asisten a mi clase, es poco probable que veinte, diez o incluso cinco años después estén persiguiendo esa misma visión. Esta es una buena noticia si no tienes veintiún años al leer esto. No importa la edad que tengas ni cuánto hayas andado sin tener una visión; nunca es demasiado tarde para descubrir una visión que puedas perseguir con pasión.

Una vez que percibes un atisbo de lo que te aguarda en el futuro y observas un cuadro potencial de lo que podría ser tu vida, la pasión se torna posible. La Biblia lo expresa de este modo: «Donde no hay visión, el pueblo se extravía».[1] La visión es esencial para una vida bien vivida, porque el tenerla casi siempre asegura la existencia de una pasión. Sin visión, nuestro celo por vivir se muere y vagamos a lo largo de nuestra existencia como zombis.

Como adquirir una visión

Comencemos con lo que es obvio: Obtienes un cuadro que enciende tu pasión cuando abres los ojos para verlo. Esto puede sonar como algo evidente, pero la mayoría de la gente está ciega en lo que respecta a su visión. Una vez le preguntaron a Hellen Keller: «¿Qué sería peor que nacer ciego?» Ella respondió: «Tener vista y no tener visión». Esto es exactamente lo que le sucede a la gran mayoría de la gente.

Aún me encanta escuchar lo que sucedió cuando se inauguró el Mundo de Disney en Florida en 1971. Por desdicha, Walt había muerto en 1966. Cuando se llevó a cabo la dedicación del parque, le pidieron a su esposa que dijera unas palabras. Al presentarla, el maestro de ceremonia dijo: «Sra. Disney, cuánto me habría gustado que Walt hubiese visto esto». Ella se ubicó en el escenario y dijo: «Lo vio».

Y tenía razón. Walt lo había visto mucho antes que cualquier otra persona porque tenía una visión clara. Entonces, ¿cómo se hace para percibir con claridad la visión que uno tiene? Quiero ayudarte a hacer justo esto. Si estuviésemos sentados a una mesa uno frente al otro, te preguntaría sobre algunas experiencias de tu vida, qué lees y qué programas ves por televisión. Querría saber qué noticias te captan la atención, si hubo alguna tragedia de la cual hayas sido testigo o experimentaste personalmente, o si hay alguna estadística en especial que te estremezca en tu interior. También si tienes alguna persona que admiras y si alguna vez sientes como que Dios te está llamando para hacer algo que ni siquiera entiendes. ¿Por qué me interesan todos estos puntos al parecer desconectados? Porque son los sitios más probables donde puedes encontrar tu visión... si es que sabes mirar. Así que voy a dedicar la mayor parte de este capítulo a ayudarte a examinar los sitios donde hay más probabilidades de encontrar una visión.

La emoción puede generar una visión

En las primeras horas de una mañana resplandeciente de 1971, en lo alto del río McKenzie en las afueras de Eugene, Oregon, el entrenador Bill Bowerman y su esposa, Bárbara, estaban sentados desayunando. Con la mirada fija en los gofres que tenía en el plato pero sin comerlos, Bowerman se hallaba en medio de una epifanía atlética: veía el futuro del calzado de carreras.

Durante los veintidós años de actividad como entrenador de atletismo en la Universidad de Oregon, Bill Bowerman demostró su pasión por las competencias de carreras. Siempre estaba buscando la manera de mejorar el desempeño de sus corredores intentando brindarles una gran instrucción y el mejor equipamiento. Cuando descubrió que reducir en una onza el peso del calzado de un corredor de milla significaba que este debía levantar doscientas libras menos en una carrera, Bill se convirtió en un apasionado por encontrar un calzado liviano para correr. Cuando los fabricantes de calzado ya existentes no hicieron lo que Bowerman necesitaba, buscó una manera de elaborarlos él mismo. A fin de lograrlo, se asoció con Phil Knight, uno de sus antiguos alumnos, para fundar Blue Ribbon Sports [Cinta Azul en Deportes] en 1964.

> Jamás se logró nada grandioso sin entusiasmo.
> **Ralph Waldo Emerson**

Aquel día de 1971, mientras Bowerman comía los gofres, vislumbró una nueva innovación... la cual traería aparejada la oportunidad de mejorar el entrenamiento, la tracción y el tiempo en las carreras. Bárbara se disgustó mucho cuando vio que su esposo derramaba caucho sobre la plancha para cocinar wafles. Cuando terminó la tarea de calderero, Bill acababa de crear el moderno calzado con suela cuadriculada. En 1972, Blue Ribbon Sports se transformó en una marca más conocida: Nike. La pasión de Bill Bowerman por las carreras lo indujo a buscar un mejor calzado, y esa búsqueda le abrió los ojos a una nueva visión para *crear* ese calzado.

El amor que Bill Bowerman tenía por las carreras y el profundo deseo de equipar a sus corredores para triunfar le dio una visión, y según muchos fanáticos de esta disciplina, concretar esa visión le cambió la cara a ese deporte.

A veces tu corazón te impulsa a perseguir una visión tal como le sucedió a Bill Bowerman. En otras ocasiones, la visión se introduce a hurtadillas y presiona y tironea hasta que atrapa por completo todo tu ser. Esto es lo que le sucedió a Kevin Bradley. Hace más de quince años, Kevin se hallaba atrapado en el mundo vertiginoso y adinerado de Wall Street. Como se desempeñaba como agente de bolsa en Baltimore, él y su esposa Marilyn vivían de manera confortable.

Al igual que la mayoría de las grandes ciudades, Baltimore tenía una gran cantidad de personas sin hogar que vivían en la calle. Todos los días, Kevin veía decenas de personas en esa condición mientras se dirigía al trabajo. La mayoría de los empresarios caminaba con rapidez y evitaba el contacto visual con esa gente, pero había algo dentro de Kevin que hacía que le resultara imposible hacerlo. En lugar de eso, llegó a conocer a aquellos con los que se cruzaba. Se aprendió sus nombres, a menudo los llevaba a desayunar, y los escuchaba con mucha atención e interés: «Llegó a interesarme de veras quiénes eran y cómo habían terminado allí», dice Bradley.

A medida que Kevin Bradley conocía a esas personas sin hogar, comenzó a sentir un impulso que le hizo recordar un llamado para servir a Dios que había sentido cuando era joven. Poco a poco se fue instalando en su corazón la visión de desarrollar un ministerio para las personas sin hogar. En 1991, después de mucho orar y estudiar la Biblia, Bradley renunció al trabajo y comenzó el Community Outreach Center [Centro de Extensión Comunitaria], cuya misión era ayudar a las personas que no tenían hogar para que se convirtieran en ciudadanos independientes y con recursos propios. En el día de hoy, esta organización, que ahora se denomina The Outreach Foundation [Fundación Extensión], ayuda a las personas sin hogar de Baltimore supliendo sus necesidades inmediatas y brindándoles capacitación.

> Deja de decirte que los sueños no importan, que son solo sueños y que deberías ser más sensible.
> **Julie Cameron**

El programa de la fundación para la capacitación para oficios Wings Life [Alas de Vida], desarrollado por Bradley, es un proyecto con un enfoque espiritual y motivador que les enseña a hombres y mujeres a canalizar los talentos y deseos que Dios les dio para que se conviertan en profesiones productivas. El programa Wings es utilizado por organizaciones de todo el país, y la fundación continúa creciendo con mucho respaldo financiero.[2] Irónicamente, la visión que descubrió Kevin Bradley lo llevó a ayudar a otros a encontrar también una visión y una pasión.

En 1979, Laura Lamb, de cinco meses de nacida, se convirtió en una de las personas cuadripléjicas más jóvenes del mundo cuando ella y su madre, Cindi, fueron atropelladas por un conductor ebrio cerca de su casa en Maryland. El asiduo delincuente conducía a ciento noventa kilómetros por hora. Menos de un año después, en el otro extremo del país, en California, murió Cari Lightner de trece años. El conductor ebrio que le causó la muerte hacía solo dos días que había sido dejado en libertad bajo fianza tras el cuarto delito de conducir en estado de ebriedad. Tenía una licencia de conducir válida de California.

Llena de ira, Candace Lightner, la madre de Cari, reunió a algunas amigas y organizó un grupo al que denominaron «MADD: Mothers Against Drunk Drivers» [Madres Contra Conductores Ebrios]. Al poco tiempo, Lightner y Lamb unieron fuerzas y MADD se convirtió en una organización nacional. En la actualidad, MADD tienen más de seiscientas agrupaciones en los cincuenta estados del país, y la visión continúa incentivándolas con una pasión ferviente. «MADD», dicen, «no cerrará sus puertas hasta que los conductores ebrios no dejen de quitar vidas inocentes».

Bowerman y Bradley fueron motivados por el deseo de suplir una necesidad. Lamb y Lighter fueron impulsadas por el dolor. A través de esas emociones adquirieron la visión de suplir las necesidades que enfrentaban. Yo creo que el primer sitio donde se debe buscar una visión suele ser el corazón. Dado que la visión y la pasión se hallan tan íntimamente vinculadas, lo más probable es que el corazón sea la fuente más factible para obtenerla. Al examinar tu corazón, hazte preguntas como estas: ¿Qué es lo que me estremece el alma? ¿Qué cosas hacen que me enoje? ¿Qué me rompe el corazón? Examina las situaciones que te provocan estos sentimientos y tal vez percibas una visión por la que ya sientes pasión.

La información puede transmitirte una visión

«Lo único que contrarresta la ridiculez de tener que escuchar a una estrella del rock irlandés hablando de estos temas», dice Bono, el cantante principal de cuarenta dos años de edad del conjunto de música rock U2, «es la trascendencia de los temas en sí». Durante los últimos años, Bono, estrella de rock irlandés, ha estado hablando de dos temas: la pobreza y el SIDA. Su misión ha sido transmitir una visión en cuanto a la manera de solucionar estos problemas... específicamente en el continente africano. En tiempos pasados, gran cantidad de personas ricas y famosas se dedicaron a causas «acariciadas»... sin mayor credibilidad ni influencia. Entonces, ¿por qué motivo Bono ha captado la atención de empresarios, políticos, músicos y magnates? ¿Qué hizo que terminara saliendo en la portada de la revista *Time* como una de las tres personalidades del año 2005?

> El deseo ardiente de ser o hacer algo nos da tenacidad; una razón para levantarnos cada mañana y reunir las fuerzas para comenzar otra vez después de experimentar una decepción.
> **Marsha Sinetar**

Bono inspira visión y tiene éxito al incentivar a la gente a actuar porque se armó del poder de los hechos y las estadísticas. El nombre de su organización, DATA, es tanto una sigla (que según la audiencia significa «debt, AIDS, trade, Africa» [deuda, SIDA, negocio, África] o «democracy, accountability, transparency in Africa» [democracia, responsabilidad, transparencia en África] como un recordatorio del enfoque que tiene de la realidad. Los que lo acompañaron como personajes del año, Bill y Melinda Gates, los cuales fueron elegidos por su dedicación a temas de salud en el mundo, en un principio se mostraron renuentes a reunirse con él. «La salud en el mundo es un asunto sumamente complicado», dice Bill Gates al recordar su primer encuentro en el año 2002. «En realidad, no se reduce a una cuestión de "Seamos bondadosos", por eso pensé que no sería tan conveniente que nos conociéramos». Gates descubrió de inmediato que Bono entendía de qué estaba hablando. «Era tan loco como nosotros», dijo Patty Stonesifer, jefa de la Fundación Gates, «la única diferencia es que él es un loco y también un músico fantástico».[3]

> Amar lo que haces y sentir que es importante... ¿qué puede ser más divertido que eso?
> **Katharine Graham**

Otras personas experimentaron el mismo sentir. Dentro del gobierno de los Estados Unidos de América, Bono ha impactado con su conocimiento tanto a demócratas como a republicanos. «Si de verdad quieres ser eficiente, tienes que colocar sobre la mesa algo más que tu carisma», dice Rick Santorum, senador republicano conservador de Pennsylvania. «Lo importante es que Bono entiende mejor el tema que el noventa y nueve por ciento de los miembros del Congreso». La demócrata Nancy Pelosi vio por primera vez a Bono en el deprimente aeropuerto Washington Dulles en Virginia. «En poco tiempo observé que tenía un conocimiento tan profundo del tema que causaba una tremenda impresión, unido a una dedicación plena que estaba a la altura de dicho conocimiento», dice Pelosi. «Lo que quiero decir es que incluso vino a Dulles».[4]

A continuación aparecen algunos de los datos que Bono emplea para respaldar su argumento, el cual refiere que la situación en África es «la cuestión moral definitoria de nuestro tiempo»:

- El SIDA y la pobreza en conjunto se cobran la vida de 6.500 africanos por día.
- Más de 28 millones de africanos son VIH positivos, y el año pasado murieron de SIDA 2.3 millones.
- Sin VIH, la expectativa de vida en la región de África al sur del Sahara sería de aproximadamente 63 años. En la actualidad es de alrededor de 47.[5]

Muchas personas han adquirido una visión por la situación en el África debido a que estas estadísticas los atrajeron. Si bien en ocasiones podemos permanecer sordos frente a los llamados emocionales, es difícil resistirse ante datos concluyentes. Mientras investigues para descubrir cuál es tu visión —ya sea leyendo el periódico, mirando el canal Discovery o navegando por Internet—, presta atención a la clase de cosas que te incitan a saber más del tema. Lo que te interesa desde el punto de vista intelectual tal vez contenga las semillas de una visión que puedes llegar a adoptar.

La participación puede descubrir una visión

Algunas personas adquieren su visión cuando toman una resolución con energía y se involucran en algo. Eso es exactamente lo que le sucedió a Kenneth Behring. Había ganado mucho dinero trabajando y teniendo éxito como vendedor de automóviles, promotor inmobiliario y dueño de un equipo de fútbol americano. En 1999 ya brindaba ayuda financiera para diversas causas, entre las cuales estaban el Museo Smithonian y la Asociación para la Distrofia Muscular. Más tarde, cuando iba a realizar uno de sus viajes internacionales, Behring aceptó entregar personalmente algunas sillas de ruedas que él mismo había ayudado a adquirir. Fue ahí donde experimentó su epifanía. «Siempre he dado dinero para ayudar, pero jamás me había entregado a mí mismo para colaborar», dijo en su autobiografía. «Cuando tienes la oportunidad de ayudar personalmente a alguien, eso te transforma la vida».

Le pidieron a Behring que entregara en Rumania una silla de ruedas a un anciano viudo que había quedado paralizado como resultado de un derrame cerebral. Literalmente, él levantó al hombre que estaba acostado sobre una pila de trapos en el suelo y con delicadeza lo colocó en la silla nueva. Mientras el viejo hombre sollozaba, la vida de Behring dio un vuelco. «Jamás me sentí tan gratificado como en ese momento», dice él. «Regalar una silla de ruedas requirió tan poco esfuerzo y, no obstante, significó tanto. Quedé maravillado. Había ayudado a darle a alguien el regalo de una vida nueva».[6]

Behring regresó a su casa e instituyó la Wheelchair Foundation [Fundación Silla de Ruedas], una organización sin fines de lucro cuya misión es:

> Liderar un esfuerzo internacional para crear conciencia de las necesidades y talentos de las personas con discapacidades físicas, promover el gozo de dar, desarrollar la amistad a nivel global y entregarle una silla de ruedas a cada niño, joven o adulto en el mundo que la necesite, pero no la pueda comprar. Para esas personas, la Fundación Silla de Ruedas reparte esperanza, movilidad y libertad.[7]

La visión de Behring de ayudar a la gente a obtener sillas de ruedas solo se produjo cuando se involucró de forma personal en ella. Solo entonces vio en realidad lo que ella significaba para los pobres de todo el mundo, dándoles movilidad a personas discapacitadas y con frecuencia estigmatizadas que anteriormente se trasladaban gateando o arrastrándose. En especial en los países en vías de desarrollo, una silla de ruedas representaba una nueva vida. La persona que comenzaba a movilizarse recuperaba su condición de ser humano y obtenía un lugar en la sociedad. De repente podía salir de su casa y volver a disfrutar de cierto grado de independencia.

Aun cuando tu corazón se estremezca o tu mente se interese por una visión, por lo general no te atrapará por completo hasta que des un paso real en esa dirección. Cuando comiences a explorar una visión, busca alguna manera de involucrarte personalmente en ella. Si se trata de niños para adopción temporal, encuentra la forma de colaborar con los servicios sociales de la comunidad. Si se relaciona con un emprendimiento comercial, prueba salir a vender a la calle. La experiencia personal suele ser el camino que te lleve a involucrarte de lleno en la visión para tu vida.

¡Persigue aquello que amas! ... No te dignes a preguntar que buscan «los otros» allá afuera, sino averigua qué tienes tú adentro. No vayas tras tus intereses, los cuales cambian, sino procura alcanzar aquello que eres y lo que te encanta, lo cual no cambiará ni debería cambiar.
Georgie Anne Geyer

La pasión no surge de manera automática tras una visión

En *An Anthropologist on Mars* [Un antropólogo en Marte], el neurólogo Oliver Sacks cuenta la historia de Virgil, un hombre que había quedado ciego en los primeros años de su infancia. A los cincuenta años de edad fue operado y recibió el regalo de la visión. Sin embargo, tal como él y el Dr. Sacks descubrieron, tener la capacidad física de la visión no es lo mismo que ver. Las primeras experiencias de Virgil con relación a la vista fueron confusas. Podía percibir los colores y los movimientos, pero le resultaba difícil acomodarlos para que formaran un cuadro coherente. Con el paso del tiempo aprendió a identificar diversos objetos, pero sus hábitos —su comportamiento— seguían siendo los de un ciego. El Dr. Sacks afirma: «El hombre ciego debe morir para nacer de nuevo como una persona con vista».

Lo mismo se puede decir de las personas que buscan tener una visión en la vida. El simple hecho de encontrarla no significa necesariamente que uno la va a concretar. Todos hemos visto personas que de-sarrollan una visión impresionante para sus vidas pero

> Si deseas construir un barco, no convoques personas para que recojan madera ni les asignes tareas ni trabajo, sino más bien, enséñales a anhelar conocer la inmensidad infinita del mar.
> **Antoine de Saint-Exupery**

siguen comportándose como si fueran ciegos. Aún viven como si la visión *no* fuera real. En mi opinión, esto se debe a que la visión de esa persona NO es real. Dicho de otro modo, su visión no es auténtica.

Hay una antigua historia, con seguridad apócrifa, acerca de Sócrates y un alumno orgulloso. Este discípulo se acercó al filósofo para pedirle que le diera conocimiento. Entonces el maestro lo llevó al mar y lo hundió en el agua. Cuando el alumno salió jadeando, Sócrates le preguntó:

—¿Qué quieres?

—Conocimiento —dijo el discípulo.

Sócrates volvió a meter al orgulloso alumno bajo el agua y otra vez le preguntó:

—¿Qué quieres?

Una vez más, este le respondió:

—Conocimiento.

Por último, después de sumergirlo por cuarta vez, el alumno respondió de otro modo la pregunta del maestro quien inquirió:

—¿Qué quieres?

Esa vez el discípulo dijo:

—Aire.

—Muy bien —dijo Sócrates—, cuando tengas tanto deseo de adquirir conocimiento como de tomar aire, entonces sí hablaremos de ese tema.

Tal como sucedió con ese joven, a veces elaboramos una visión en la que en verdad no creemos. Abrazamos una visión «apropiada» o «impresionante» simplemente para crear justo eso: una impresión.

La visión verdadera, aquella que sentimos en lo profundo de nuestro ser, siempre viene acompañada de pasión. Recuerda que una *visión* es un cuadro del futuro que produce pasión en el presente. La visión y la pasión deben ser dos en uno: vienen en un solo paquete.

Cuando descubres una visión auténtica, sientes que el corazón se te acelera. De inmediato eres vigorizado por ella. Si te colocaran un monitor cardíaco cuando hablas de tu visión, la diferencia sería notoria. Presta atención a la forma en que reaccionas *después* de elaborar una posible visión, porque si es auténtica, no puede evitar despertar tu pasión.

> El éxito no es la clave de la felicidad. La felicidad es la clave del éxito. Si amas lo que haces, tendrás éxito.
>
> **Albert Schweitzer**

Se requieren tres segundos para avivar la pasión

El filme *En la cuerda floja* está basado en la vida del legendario músico Johnny Cash. En una de las primeras escenas, Johnny (protagonizado por Joaquin Phoenix) y los dos miembros de su banda están asistiendo a una audición para conseguir el primer contrato con el representante musical Sam Phillips. La canción que escogieron es una melodía gospel sencilla con una letra apasionada... pero Phillips los detiene ni bien terminan la primera estrofa.

—Paren. Paren. Lamento interrumpirlos, muchachos, pero ¿no tienen otra cosa?

Después de una pausa incómoda, el representante explica:

—Lo siento, Sr. Cash... no grabo material que no se vende, y la música gospel de esa clase no es vendible.

—¿Es la música o la forma de cantarla? —pregunta Cash.

—Las dos cosas.

—Pero, ¿qué problema hay con la manera que tengo de cantarla?

—No le creo.

—¿Usted está diciendo que no creo en Dios? —los amigos de Johnny intentan detenerlo, pero él continúa—. Quiero entender qué es lo que sucede. A lo que me refiero es que venimos hasta acá, cantamos un minuto y él me dice que no creo en Dios.

—Usted sabe perfectamente lo que le estoy diciendo —dice Phillips—. Ya escuché esa canción cientos de veces y de esa manera, justo como usted la cantó.

Johnny protesta diciendo:

—¡Lo que pasa es que no dejó que le llegara al alma!

—¿Llegar... al alma? —preguntó Phillips de manera incrédu-

> No desistas de tratar de hacer lo que en verdad deseas hacer. Donde hay amor e inspiración, no creo que pueda irte mal.
> **Ella Fitzgerald**

la—. Está bien, hagamos que nos estremezca el alma. Si te atropellara un camión y estuvieras tirado en una zanja a punto de morir, y tuvieras tiempo para cantar una canción, una melodía que la gente recordara antes de que te conviertas en polvo, que permitiera que Dios supiera lo que piensas del tiempo que pasaste aquí en la tierra, que resumiera tu vida, ¿me vas a decir que esta es la canción que cantarías? ¿La misma que le escuchamos cantar a Jimmie Davis todos los días en la radio para referirse a la paz interior que tienes, lo real que es y cómo vas proclamarlo a viva voz? ¿O cantarías algo distinto, algo verdadero, algo que sientes? Porque créeme lo que te digo, esta es la clase de canciones que la gente quiere escuchar, este es el tipo de música que en realidad salva a la gente.

Todos queremos cantar esa clase de canción, ¿no es así? Aunque no seas músico, necesitas «cantar una canción» que sientas en lo profundo de tu ser, una canción que sea real y que te brote del corazón. Solo logramos hacer brotar esa melodía cuando dejamos pasar el primer impulso que nos lleva a hacer simplemente lo que sea que se nos cruce en el camino y, en lugar de eso, procuramos llevar a cabo «lo que sea necesario». Cuando avivamos nuestra pasión, entonces sí nos «llega al alma». Es entonces que elevamos el alma a niveles grandiosos.

Preguntas para la reflexión personal

1. Si bien es probable que no se realice de manera consciente, la mayoría de la gente tiene la tendencia a vivir la vida haciendo lo que sea que se le cruza en el camino en lugar de llevar a cabo lo que anhelan de corazón. En una escala de 1 a 10, ¿qué valor le darías a esta tendencia en tu vida y por qué?

2. El capítulo expone que la mayoría de la gente carece de pasión porque no tiene visión. ¿Estás de acuerdo? ¿Por qué sí o por qué no?

3. ¿Cuál es tu cuadro del futuro que te produce pasión en el presente? Sé específico. Además, ¿qué estás haciendo para convertir este cuadro en una realidad?

4. ¿Estás de acuerdo con que uno de los grandes beneficios que proporciona el tener una pasión es la constancia personal? ¿Qué ejemplos hay en tu vida que respalden tu posición?

5. El capítulo concluye con una ilustración de Johnny Cash en una audición musical. ¿Estás haciendo que «llegue al alma» o cantas la canción de otra persona? ¿Cómo sabrás cuándo estás viviendo tu vida con una pasión profunda y permanente?

4

Se requieren tres segundos para... admitir tu parte

El precio de la grandeza es la responsabilidad.

Sir Winston Churchill

Espaguetis con salsa de carne, ensalada César, pan de ajo y dos Coca-colas de dieta... para llevar. Eso fue lo que pedimos en un restaurante local en Seattle no hace mucho tiempo. A las ocho y media de la noche de un jueves después de un intenso día de trabajo, Leslie y yo estábamos cansados y con hambre. Lo único que queríamos hacer era ir a casa, poner los pies en alto y no pensar en nada mientras comíamos algo apetitoso.

El empleado del restaurante italiano tomó el pedido mientras nosotros estábamos junto al mostrador de entrada en medio de una multitud de gente.

—¿No necesita un bolígrafo? —le pregunté mientras señalábamos en el menú lo que queríamos llevar.

—No, me acuerdo de memoria.

Nos aseguró que no tardaría mucho y se dirigió con rapidez hacia la cocina para hacer el pedido. Tal como había dicho, diez minutos después el empleado apareció con dos bolsas grandes de comida humeante para llevar. Las tomamos y seguimos camino.

Sin embargo, cuando llegamos a casa y encendimos el reproductor de videos, nos dimos cuenta de que el mozo nos había dado la comida equivocada. En lugar de salsa de carne, los espaguetis estaban cubiertos de salsa de almejas. La ensalada César sí estaba, pero el pan era un simple baguette y no el famoso pan de ajo que ellos elaboraban. Además, teníamos la pequeña sospecha de que las Coca-colas tampoco eran de dieta.

Era demasiado tarde para volver al otro lado de la ciudad a cambiar la comida, así que llamé por teléfono al restaurante para decirles lo que había pasado.

—Hola, no sé si se acuerda de mí, pero hace un ratito mi esposa y yo compramos comida para llevar. De todos modos, ahora estamos en casa y nos dimos cuenta de que no es lo que pedimos.

> Una equivocación no se convierte en error hasta que te niegas a corregirla.
> **Orlando A. Battista**

—¿Lo compró aquí?

—Sí.

—¿En Carlisle en la calle cuarenta y cuatro? —enfatizó ella, como si fuera imposible que ellos pudieran enviar un pedido equivocado.

—Sí —me quedé un poco asombrado ante ese cuestionamiento—, estuve allí hace menos de una hora.

—Está bien —dijo ella—, entonces, ¿qué problema tiene?

—Ordenamos espaguetis con salsa de carne y en lugar de eso pusieron salsa de almejas.

—Bueno, quizá le guste la salsa de almejas. Es muy famosa.

—Quizá lo sea, pero no es lo que yo pedí... además, soy alérgico a los mariscos.

—Déjeme ver si puedo encontrar la factura.

—¿Qué sentido tiene? Yo sé lo que pedí y sé que me dieron la comida equivocada.

—¿Sabe quién tomó el pedido? Puedo preguntarle qué pasó.

—¿Y qué va a solucionar con eso?

Ella cubrió el teléfono con la mano pero escuché que decía:

—Tony, ¿te equivocaste con el pedido de la pareja que se llevó comida? Les dieron almejas en lugar de salsa marinera.

—¡Salsa de carne! —grité mientras Leslie levantaba las cejas desde el otro lado del cuarto.

—Señor, no tiene por qué levantar la voz —le escuché decir a la empleada—, lo oigo bien.

—Nosotros pedimos salsa de carne, no marinera ni tampoco de almejas —dije controlando el tono de la voz.

—Entonces, ¿qué desea que haga, señor? —dijo ella enojada.

—Supongo que querría que se disculparan.

Y con franqueza, a esa altura era lo único que *en verdad* quería. Desde luego que me hubiese gustado tener la comida que había ordenado, pero, en ese momento, lo menos que podía esperar era que alguien de ese restaurante admitiera su culpabilidad.

¿No te parece extraño? ¿Cómo una simple disculpa puede llegar a ser tan importante en el caso de un error tan insignificante? ¿Por qué la palabra «discúlpenos», dicha por una persona totalmente extraña, una empleada del restaurante, produciría tanto alivio?

Me imagino que ya sabes la respuesta: yo quería que ella, en nombre del restaurante, aceptara la responsabilidad por el error cometido. Alguna vez te habrá pasado algo parecido, ¿no es así?

Tal vez no haya sido en un restaurante. Pero ya sea en un taller mecánico, una tienda o el consultorio de un médico, todos nos hemos encontrado con personas que no quisieron dar el brazo a torcer. Comenzaron a defenderse cuando lo único que nosotros deseábamos era que reconocieran el error. En esa clase de situación, un simple «discúlpeme» suele poner fin al conflicto.

«Si no te haces responsable de tus acciones», dijo Holly Lisle, «siempre estarás sujeto a una posición defensiva». ¡Qué gran verdad! Y aun así, muchas personas se aferran al primer impulso que tienen: evitar la culpa a toda costa.

Pero aquí sucede una vez más: tres segundos pueden marcar una diferencia abismal. Cuando hacemos una pausa y resistimos el juego de determinar quién es el culpable, los demás se relajan. ¿Por qué? Porque cuando dejamos de echarle la culpa al otro y admitimos la parte que nos corresponde de un problema, de pronto todos caemos en el mismo equipo y comenzamos a trabajar juntos para hallar una solución. Por lo general, decir la palabra «disculpa» es el primer paso para solucionar las cosas. También es esencial pasar de hacer simplemente «lo que sea» a todo «lo que sea necesario».

> Nuestro mayor temor no es descubrir que somos incapaces, sino descubrir que nuestro poder es ilimitado.
> **Nelson Mandela**

¿Por qué no nos gusta asumir la responsabilidad?

¿Alguna vez notaste que las personas solo admiten los errores cuando son *forzadas* a hacerlo? Lee cualquier periódico y casi todos los días verás alguna versión de esta frase. Leerás, por ejemplo: «Funcionarios del sindicato fueron *forzados* a admitir que cometieron un error al despedir a empleados del gobierno estatal por haberse negado a pagar las cuotas». El sindicato no lo admitió de manera *voluntaria*, sino que fue *forzado* a hacerlo. O quizá escuchemos que un funcionario se disculpó *de mala gana* por el error cometido. Es raro ver una confesión voluntaria de un fracaso. A nadie le gusta admitir sus errores, y por lo general no lo hacemos a menos que nos pongan contra la pared. Por el contrario, preferimos dejar que algún otro se haga cargo de un problema porque así nos libramos de una situación incómoda.

Nuestra mejor herramienta para lograrlo es culpar a otro. Podemos echarle la culpa del problema a algo («el sistema de la computadora no funcionaba») o a alguien («es nueva en esto»), en vez de admitir que todo lo sucedido tenía que ver con nosotros. Así es la naturaleza humana.

Desde el comienzo mismo, cuando éramos niños, culpábamos a nuestros hermanos («él me obligó a hacerlo») o a nuestras mascotas («el perro me comió la tarea de la escuela»). Sin embargo, aun después de madurar, echarle la culpa a otro es un hábito difícil de eliminar. Hace un tiempo me olvidé por completo de que tenía una cita para una entrevista en vivo en una estación de radio local. Lo tenía anotado en la agenda y lo habían publicitado durante varios días, pero esa tarde Leslie me invitó a hacer unas diligencias con ella y acepté... olvidando por completo que se suponía que estuviera en el estudio radial.

> La madurez no viene con los años sino con la capacidad de asumir las responsabilidades. ¡Eres joven solo una vez, pero la inmadurez puede durar toda la vida!
> **Edwin Louis Cole**

No fue sino hasta las nueve de la noche que me di cuenta del error que había cometido. Estaba mortificado y culpé a Leslie. «¡Jamás falto a una cita! ¿Por qué no me lo recordaste?», le pregunté. La responsabilidad de consultar mi agenda es mía, pero esto no impidió que dijera: «¡Nunca me habría olvidado de la entrevista si no me hubieses pedido que te acompañara a hacer esas estúpidas diligencias!» Mi forma de hablar fue totalmente irracional, y me muero de vergüenza de solo pensarlo. Pero el juego de echarle la culpa a otro parece estar bien arraigado en mi interior.

Desde que Adán culpó a Eva, y esta culpó a la serpiente, los seres humanos nos hemos estado sacando el fardo de encima poniendo excusas y echándole la culpa a los demás. Lo hacemos para eludir la responsabilidad... para salvar el pescuezo. Pero en raras ocasiones funciona.

¿Quién es el responsable?

Si hay algo que aprendí en seis años de estudios universitarios, capacitándome para ser psicólogo, y en las dos décadas de labor de consejería desde aquel entonces, es que las parejas que buscan consejo, por lo general, creen que los problemas yacen principalmente en la otra persona. Tal como los pistoleros del Lejano Oeste, se retan a duelo señalando con el dedo las debilidades y falencias del otro. Dicen cosas como estas: «Si no fuera por la forma como te enojas, podríamos tener un verdadero matrimonio», o «Si no mintieras sobre tantas cosas, tal vez podría confiar en ti», o incluso, «Si alguna vez tuvieras interés en mantener una conversación, yo quizás tendría interés en hacer el amor».

Todo consejero competente sabe que, al margen del problema que pueda existir en un matrimonio, el sistema que lo sostiene tiene que ver con las dos personas. ¿Por qué? Porque cada una es en cierta medida responsable de las circunstancias. Tal como sucede con un adorno móvil que cuelga del techo, el equilibrio en el matrimonio es creado y mantenido por ambos cónyuges. Un cambio en una de las piezas del adorno móvil afecta el equilibrio de toda la estructura. Asimismo, todo matrimonio conserva el equilibrio en la medida que las dos personas se contrarrestan una a otra modificando sus posiciones, actitudes y conductas.

El punto es que en una relación a largo plazo, en raras ocasiones la responsabilidad total de los problemas yace por completo sobre los hombros de una sola persona. Y esta es la razón por la que cada cual debe asumir la responsabilidad antes de tomar alguna decisión o realizar algún cambio. Los matrimonios experimentan un cambio total y beneficioso cuando ambos cónyuges admiten su parte y se dan cuenta de que lo importante no es *quién* se equivocó, sino *qué* está mal.

Sé que en mi matrimonio con Leslie, ambos disfrutamos «nuestro mejor momento» cuando yo asumí la responsabilidad que me correspondía en la relación... y ella hizo lo mismo. Fue cuando dejamos de buscar quién tenía la culpa y quién había cometido el error. Aquel día comenzamos a liberarnos del fastidioso tironeo que se producía al querer hacer responsable de los problemas al otro.

Admitir en nombre de otra persona

Este mismo principio de admitir la parte que a uno le corresponde y asumir la responsabilidad por las circunstancias que se atraviesan se aplica a todas las áreas de nuestra vida. Si trabajas en lo referente al servicio al consumidor o en ventas, el concepto de asumir la responsabilidad de cualquier problema forma parte de la descripción del puesto de trabajo. Y en muchas ocasiones tienes que acarrear con la culpa, no porque te hayas equivocado personalmente en algo, sino *en nombre de la empresa*. La mejor manera de hacerlo es concentrándose en *qué* está mal y no en *quién* se equivocó.

«Una clienta tenía problemas para que le devolvieran un dinero», me contó un gerente de una tienda importante. «Vino a verme porque decía que el encargado de esa área la había tratado mal. Estoy seguro de que fue un malentendido, pero le pedí disculpas, la ayudé a recuperar el dinero y la despedí». ¡Listo! El gerente no necesitó cuestionar ni a la clienta ni a ningún otro empleado, sino que se disculpó por lo sucedido y arregló el asunto.

Así que, ¿cómo se hace para aprender a asumir una responsabilidad cuando uno no se siente responsable, o cuando *sabe* que no hizo nada malo?

Me encanta esta pregunta porque va a la esencia de la cuestión. Hay muchísimas personas que trabajan en el área de servicio al consumidor y que reaccionan de manera equivocada. Tratan de desmentir el problema para demostrar que en realidad no existe; o si lo reconocen como tal, buscan formas de demostrar que no fue su culpa. Para todos los que nos encontramos en el extremo receptor de esta clase de «servicio» al consumidor, el resultado que produce es frustración y enojo. Por lo general, lo único que se logra al eludir la responsabilidad ante cualquier problema es desviar la atención del problema en sí y centrarla en las personas involucradas. Apuntar a «quién» en lugar de «qué» simplemente hace que se pierda tiempo y frustre al cliente.

¿Te pasó alguna vez? Considera la experiencia que atravesé hace un tiempo en un hotel de categoría intermedia de Denver. Debido a la cancelación de un vuelo tuve que hacer una escala más prolongada, así que me registré en el hotel alrededor de las tres de la mañana. Me consolaba con la esperanza de poder dormir hasta tarde. Como soy miembro con tarjeta «dorada» del club de huéspedes frecuentes de ese hotel, pedí una habitación que fuera especialmente tranquila... al final de un pasillo, lejos de los ascensores, de las máquinas expendedoras de hielo y de los armarios que usaba el personal de atención doméstica. El empleado me hizo el favor y programó una llamada automática para despertarme a las diez de la mañana.

Cuando llegué a la habitación, cerré bien las persianas, colgué el cartel de «No Molestar» y me acosté. Me quedé dormido casi al instante en que apoyé la cabeza en la almohada; pero unas horas más tarde mi sueño se interrumpió de una manera abrupta. El reloj digital que estaba junto a la cama marcaba las siete y algo cuando escuché el ruido más ensordecedor que jamás había oído en un hotel... y no se detenía. Tras unos segundos de silencio volvía a llenar el cuarto con un ruido que parecía un trueno.

Medio dormido, me levanté de la cama y espié entre las cortinas esperando ver una tormenta tremenda, pero el sol se levantaba plácidamente. De inmediato presioné en el teléfono de la habitación el botón de «servicio al instante» para preguntar qué era ese ruido. En medio de mi desconcierto, la operadora me aseguró que iba a averiguar y que me llamaría. Y así fue. Resultó ser que estaban renovando la habitación del piso superior... ¡y literalmente estaban usando martillos neumáticos!

¡Imposible seguir durmiendo hasta tarde! Tomé una ducha, empaqué la maleta, y me dirigí a la recepción para hablar con alguien sobre las cuatro horas que había podido dormir en el hotel. Con mi tarjeta de huésped frecuente en la mano, me apoyé en el mostrador de granito y le conté a Molly (ese era el nombre que aparecía en el gafete de bronce que llevaba) mi historia.

Después de escuchar mi relato, esta fue la primera frase que salió de la boca de Molly:

—Qué extraño. Me pregunto quién habrá estado trabajando anoche en la recepción.

Me quedé en silencio mientras ella revolvía algunos papeles.

Luego continuó diciendo con voz amable:

—¿Era un hombre o una mujer?

Sentí que mi corazón se aceleraba y mis músculos se tensaban. *Tiene que ser una broma*, dije en mi interior. *Está cometiendo el peor error que puede existir en el servicio al consumidor al tratar de culpar a otro en lugar de solucionar el problema.* Esta clase de charla interior me ayuda a mantener la calma. Lo que dije en voz alta fue esto:

—No perdamos el tiempo, Molly. Tal vez exista la posibilidad de hablar con el gerente.

—Por supuesto —dijo Molly mientras se alejaba en dirección a la oficina trasera y desde donde regresó después de uno o dos minutos—. Steve lo atenderá cuando termine de hablar por teléfono, pero si usted quiere, mientras tanto le puedo conseguir un pase para el desayuno.

—Está bien. Voy a esperar a Steve.

Ahora bien, debo destacar que Molly actuó de manera muy profesional y amable... cualidades que con seguridad habrán enfatizado cuando la capacitaron para la tarea. No obstante, lo que ella no aprendió fue cómo hacer para admitir el inconveniente que pudiera tener el cliente.

Por suerte, Steve había aprendido bien esta lección. Salió de su oficina, me hizo una seña para que esperara, y salió de detrás del mostrador para hablar conmigo. Me saludó dándome la mano y dijo:

—Dr. Parrott, me acabo de enterar de lo que le sucedió esta mañana y quiero que sepa que lo lamento profundamente. No hay excusa ante lo sucedido y quiero que sepa que haré todo lo que pueda para compensarlo por esta situación.

¡Bravo, Steve!, me dije a mí mismo. Espero que Molly esté escuchando. Esto es exactamente lo que necesita presenciar para aprender este principio. Steve se disculpó, no puso excusas, y estuvo dispuesto a corregir el error... aun cuando no lo había cometido él personalmente.

> A la larga, lo que decimos y hacemos vuelve a nosotros, así que admitamos nuestra responsabilidad, coloquémosla en nuestras manos y llevémosla con dignidad y fortaleza.
> **Gloria Anzaldua**

En otras palabras, Steve estaba dispuesto a hacer «lo que sea necesario».

Este principio no solo se aplica a la esfera del servicio al consumidor. Cuando surge un conflicto con un amigo, la mejor manera de desarmarlo y llegar a la esencia de la cuestión es demostrar que no intentas desviar la culpa. En el ejercicio de la función política, a veces es necesario tragarse el orgullo y reconocer la responsabilidad que a uno le corresponde en el conflicto, sin importar cuán mínima sea.

Ahora bien, no quiero decir que tengas que asumir lo que *no* te corresponde, ya que eso no te conduce ni a ti ni a la otra persona a resolver el problema.

En el viejo programa de televisión *Bob Newhart Show*, que se emitía en los años setenta y donde Bob interpretaba a un psicólogo de Chicago, uno de los personajes que siempre aparecía era tan manso que ya resultaba molesto. Se trataba de un vendedor que iba casa por casa pero no golpeaba a la puerta porque tenía miedo de molestar. Por lo tanto, su estrategia de venta era aguardar a la entrada con la esperanza de que por casualidad alguien abriera la puerta. Como es obvio, no tenía mucho éxito, así que se convirtió en paciente de Bob.

Un día este personaje con gesto de preocupación entró de pronto al consultorio de Bob, murmurando:

—Discúlpeme por haber llegado tarde.

—No llegó tarde —dijo Bob.

—Bueno, entonces discúlpeme por haber llegado temprano —contestó él.

—Tampoco llegó temprano —le dijo Bob.

—Discúlpeme —suspiró.

Es evidente que este muchacho tenía un problema, ¿no es así? Dudo mucho que tú hayas llegado a disculparte hasta ese extremo. Sin embargo, me he encontrado con la suficiente cantidad de personas a las que les encanta pedir disculpas por todo, como para por lo menos aconsejarte que no hagas nada parecido.

La verdadera actitud de disculparse

Hace poco alguien me dijo: «Hemos llegado al punto en que todos tienen derechos pero nadie tiene responsabilidades». ¡Qué verdad tan grande! Todos estamos prontos para reclamar lo que creemos que merecemos, pero somos asombrosamente lentos para asumir la responsabilidad ante una situación que no funciona bien. Y la actitud de asumir la responsabilidad debe ir aparejada con el pedir disculpas.

Por desdicha, en estos días el pedir disculpas sin admitir el error se ha convertido en una forma de arte. Los expertos nos dicen que la palabra «disculpar» se puede definir de varias maneras: como la defensa de una idea, una petición de perdón, o una expresión de remordimiento. Parece ser que esto último es cada vez más difícil de encontrar.

Un informe reciente de CNN realizado por Jeff Greenfield se centró en los políticos y los factores que generaban sus actos de contrición. No causa sorpresa que la conclusión haya sido que la mayoría de las veces el político es forzado a disculparse por una acción o una omisión, y que no se disculpan para admitir el error y expresar remordimiento, sino simplemente para salvar la carrera política. Es asombrosa la forma en que el equipo de redactores de un político esboza una disculpa en la cual, hasta donde sea posible, se evita mencionar el error.

Desde luego que no siempre son los políticos los que tienen que ofrecer disculpas públicas. Piensa en Mark Cihlar, fundador del Maratón Lakeshore de Chicago, una carrera corta que se lleva a cabo todos los años en el mes de mayo. Para la mayoría de la gente, un maratón parece ser infinitamente largo, pero hay una llegada y la carrera siempre es de cuarenta y dos kilómetros. Sin embargo, en el año 2005 no fue así. Aquel día, los quinientos veintinueve corredores que completaron la carrera recorrieron en realidad cuarenta y tres kilómetros. Y no fue intencional. Más tarde se descubrió que Cihlar y su equipo habían calculado mal el lugar donde debía estar ubicada la línea de llegada. Muchos de los corredores habían llegado de otras ciudades con el propósito expreso de utilizar ese resultado a fin de calificar para el prestigioso Maratón de Boston. Para muchos de ellos, ese kilómetro extra marcó la diferencia entre calificar o no.

Incluso durante la carrera, los corredores fueron víctimas de una gran desorganización. La falta de indicadores de distancia y la mala señalización hicieron que algunos corredores literalmente se perdieran. Una mujer que al comienzo ocupaba el primer puesto terminó yendo en sentido contrario. «Estaba tan confundida», dijo ella, «que tenía ganas de llorar».

Finalmente, Mark Cihlar ofreció una (especie de) disculpa por Internet. «[Cambios de último momento] hicieron que calculáramos mal y tontamente marcamos un kilómetro de más... ¡qué terrible!»[1] Estoy seguro de que esta disculpa no me habría hecho sentir mejor si hubiese sido uno de los corredores que se perdió, que no calificó para el otro maratón, o que no terminó debido a esos «tontos» cálculos equivocados.

Ya sea pública o privada, una disculpa puede servir más a los propios intereses del que la ofrece que ser generosa, si se expresa de manera tal que se elude la verdadera responsabilidad. ¿Alguna vez alguien te dijo: «Discúlpame si te hice daño»? O qué te parece esto: «Lamento mucho que te sientas así, pero...» Esto en realidad no constituye una disculpa en absoluto, ¿no es así? Esta clase de «seudo» o falsa disculpa se elabora con el propósito de minimizar la culpabilidad de la persona en vez de expresar remordimiento. Por eso, hoy en día, no hay palabra que produzca más desconfianza que «disculpe».

Y esta es exactamente la razón por la cual es de vital importancia entender qué función desempeña ese término en el proceso de aceptar la responsabilidad que le corresponde a una persona. Cuando esta palabra, más que cualquier otra, se expresa genuinamente de corazón, constituye la señal más evidente de que asumimos la responsabilidad y estamos a punto de hacer las cosas bien.

> Nuestro mayor temor no es descubrir que somos incapaces, sino descubrir que nuestro poder es ilimitado.
>
> **Nelson Mandela**

Cómo asumir la responsabilidad

Tal como puedes imaginarte, saber cómo ofrecer una verdadera disculpa constituye gran parte del tema, pero hay otros tres conceptos que vale la pena mencionar primero.

Respalda tus palabras

La persona que está dispuesta a hacer «lo que sea necesario» ofrece más que un mero falso cumplido a la idea de asumir la responsabilidad ante una situación. En lenguaje común se podría decir que aguanta lo que venga o hace algo para solucionarlo.

Presencié un ejemplo notable de esto en una calle de la ciudad de Nueva York. La compañía 3M había colocado un exhibidor para demostrar la efectividad del vidrio inastillable que fabrica. Allí, apoyada en el andén y sin un guardia armado a la vista, había una vitrina que contenía miles de billetes de cien dólares que se podían ver claramente. Estaban apilados hasta una altura de cuatro pies y es probable que sumaran millones de dólares. No hace falta decir más, ¿verdad? La compañía 3M literalmente pone en situación de riesgo su dinero para mostrar la seriedad de lo que hacen.

Sin embargo, esta cualidad de demostrar la dedicación de una persona se extiende más allá de la esfera del dinero. Observa el caso del Dr. Evan O'Neill Kane. Había ejercido su especialidad en el hospital Kane Summit de la ciudad de Nueva York durante treinta y siete años y ahora se desempeñaba como jefe de cirugía. Estaba convencido de que la anestesia general era demasiado riesgosa para muchas operaciones. Su teoría era que este tipo de anestesia debía (y podía) ser reemplazada con una anestesia local bien administrada. Estaba ansioso por demostrarlo... tan pronto como encontrara a alguien que estuviera dispuesto a pasar por el cuchillo estando consciente. Daba la impresión de que todas las personas con las que hablaba tenían miedo de que sus cuerpos recuperaran la sensibilidad durante la cirugía y sintieran dolor.

Finalmente encontró un sujeto a quien podría efectuarle una apendicetomía. Kane había realizado esa operación miles de veces, por lo tanto, confiaba plenamente en su capacidad. El día de la cirugía, el paciente fue preparado y llevado a la sala de operaciones. Después que la anestesia local hizo efecto, Kane siguió el procedimiento normal: hizo un corte en el lado derecho del abdomen para llegar al interior. Ligó los vasos sanguíneos, encontró el apéndice, lo extirpó y suturó la incisión.

> No puedes escapar de la responsabilidad de mañana evitándola hoy.
> **Abraham Lincoln**

Asombrosamente, el paciente sintió muy poco malestar. Por cierto, a la tarde siguiente ya estaba levantado y caminando, lo cual es algo notorio al tratarse del año 1921, cuando las personas operadas de apéndice por lo general eran confinadas a permanecer en una cama de hospital durante una semana o más.

Fue un hito en el mundo de la medicina, y también fue una demostración de coraje porque el paciente y el médico eran la misma persona. Para demostrar su teoría, el Dr. Kane se había operado a sí mismo.

Está bien, ya sé que eso es demasiado. ¡Pero estamos hablando de hacer «lo que sea necesario»! Afortunadamente, son pocas las personas de las que se espera que asuman la situación de una manera tan dramática. No obstante, cuando estamos dispuestos a arriesgar nuestro dinero, nuestro negocio o incluso nuestro bienestar a fin de demostrar la dedicación que tenemos, estamos asumiendo por completo la responsabilidad de la situación. Cuando tomas una resolución y te apropias de una idea, una causa o incluso un error, estás diciendo que eres el responsable de todo, que respaldas tus acciones y que no estás simplemente hablando de boca para afuera.

Esta es otra manera de expresarlo: Las personas que *hablan de la boca para afuera*, por lo general lo hacen porque no tienen la intención de *actuar* de acuerdo a lo que dicen. Es exactamente lo opuesto a asumir la responsabilidad.

Admite los temores y fracasos

En muchas ocasiones he visto personas que abandonan la actitud de hacer lo que sea necesario porque se entregaron de lleno a una idea o un esfuerzo y luego fracasaron. ¿Te pasó alguna vez? Bien, no eres el único. Todo aquel que logró llevar a cabo algo notable también falló de manera lamentable en el camino hacia su concreción. Lo que lo mantiene avanzando es su capacidad de saber esperar y admitir sus temores y fracasos. No culpan de su falta de éxito ni al «sistema», ni a su familia, ni al jefe, ni a ninguna otra cosa.

> El que nunca cometió un error, nunca intentó nada nuevo.
> **Albert Einstein**

Desde luego que ayuda tener un líder que te permite admitir los fracasos sin destruirte por eso. Cuando Thomas Edison y su equipo estaban desarrollando el bulbo de luz incandescente, fabricar uno solo les llevaba cientos de horas. Un día, después de terminar de hacer uno, se lo entregó a un joven que ayudaba con las tareas y le pidió que lo llevara al cuarto de pruebas que estaba en el piso de arriba. Cuando el muchacho giró y comenzó a subir la escalera, tropezó y se cayó, y el bulbo se hizo trizas contra los escalones. El joven horrorizado se disculpó con todas sus fuerzas y esperaba una reprimenda. No obstante, en lugar de censurarlo, Edison lo tranquilizó. El científico entonces se dio vuelta y simplemente le dijo a su equipo de colaboradores que comenzara a trabajar para fabricar otro bulbo. Varios días después, cuando estuvo terminado, Edison demostró la autenticidad de su perdón de la forma más maravillosa que pudiera existir. Se dirigió hacia el mismo muchacho, le entregó el bulbo y dijo: «Por favor, lleva esto al cuarto de pruebas».

Imagínate cómo se habrá sentido ese joven. Sabía que no se había ganado la confianza de Edison por no haber cumplido con esa responsabilidad; no obstante, le estaba ofreciendo hacerlo otra vez como si no hubiese pasado nada. Ninguna otra cosa podría haber reincorporado al muchacho al equipo de manera más evidente, más rápida ni más plena. Y además, puedes apostar que ese joven tuvo sumo cuidado al subir los escalones.

El hecho de asumir la responsabilidad suele presentar temores nuevos. Por ejemplo, cuando uno se apropia de un sueño, ya no puede culpar a los demás por algún fracaso al concretarlo. Es probable que esto haya sido lo que quiso expresar Nelson Mandela cuando dijo: «Nuestro mayor temor no es descubrir que somos incapaces, sino descubrir que nuestro poder es ilimitado».

Discúlpate cuando sea necesario

Tengo un amigo que dice que el pastel de humildad es un postre que nunca tiene rico sabor. Esta frase no tiene sentido, ya lo sé. Sin embargo, esta pequeña broma transmite una profunda verdad, a saber: que nunca es fácil asumir la responsabilidad, y que es casi imposible hacerlo si uno es un resentido. Por ejemplo, imagínate qué habría pasado si el muchacho que ayudaba en el laboratorio de pruebas de Edison hubiese asumido una actitud arrogante y hubiera culpado de su accidente a los escalones resbaladizos. ¿Crees que se le habría dado una segunda oportunidad? Lo dudo.

«El precio de la grandeza es la responsabilidad», dijo el gran estadista Winston Churchill. Para aceptar la responsabilidad es necesario aprender a pedir disculpas, y esto requiere humildad. Implica una actitud de remordimiento deferente y valerosa.

Observemos detenidamente los tres elementos trascendentales que forman parte de una verdadera disculpa:

Primero, hay que entender qué está mal. Esto suena sencillo, pero suele pasarse por alto. La mayoría de la gente cree que disculparse significa salir corriendo para decir una palabrita: «disculpe». Y si ofrecemos la disculpa con demasiada rapidez, a menudo lo hacemos por el motivo equivocado. Si nos sentimos obligados a pedir disculpas cuando pensamos que no hicimos nada malo, solemos hacerlo con resentimiento. Sea como sea, deja de ser algo sincero. En primer lugar tenemos que entender cuál es el verdadero problema. ¿Por qué? Porque hacemos suposiciones, leemos entre líneas y nos apuramos a sacar conclusiones.

> La acción no surge de un pensamiento, sino de la disposición a asumir una responsabilidad.
> **G. M. Trevelyan**

Una vez llegué a la casa de un amigo y toqué el timbre. Él abrió la puerta y dijo:

—¿Dónde están las sillas, Les?

¡Vaya! Se suponía que tenía que llevar unas sillas. Entonces respondí:

—Ah, me olvidé.

Me miró fijo y a manera de ladrido exclamó:

—¡Era de esperarse!

Yo pensé: «¿Era de esperarse?» Entonces él cree que no sirvo para nada, que no puedo cumplir con lo que me piden. Luego seguí pensando: «¿Quién se cree que es? ¡Que tipo tan desagradable!»

Y en ese momento me enfrenté con dos opciones: podía tratar de buscar la parte buena de lo que había dicho (aunque eso era bastante difícil) y olvidar el tema, o preguntarle qué había querido decir (aunque a mí me parecía obvio).

Un par de días después lo vi y saqué a colación el tema.

—¿Recuerdas que el otro día cuando fui a tu casa y me olvidé de llevar las sillas dijiste: "Era de esperarse"?

Él me interrumpió diciendo:

—No debí haber dicho eso.

—Bueno, no entendí bien a qué te referías.

—Bien, lo que pasó fue que durante todo ese día, a cada reunión que fui, alguien se había olvidado de algo. Lo primero que me vino a la mente fue que era de esperarse que fuera a suceder algo similar.

Entonces, él no estaba diciendo: «Parrott, eres un inútil», sino que quería decir: «Tuve un día terrible».

Tal como mencioné antes, todos suponemos cosas, leemos la mente. Por esta razón, el primer elemento importante al ofrecer una disculpa es asegurarse de que uno entiende con exactitud qué es lo que está mal.

> La responsabilidad es un concepto único. Solo puede residir en un individuo en particular y ser inherente a él. Es posible compartirla con otros, pero la parte que te corresponde a ti no disminuye. Puedes delegarla, pero aún sigue siendo tuya. Puedes negarla, pero no despojarte de ella.
> **Almirante Hyman Rickover**

Segundo, hay que admitir que algo está mal. Para la mayoría de la gente, este puede resultar el elemento más difícil. Tal como en el caso del mozo del restaurante que no admitía haberse equivocado con el pedido, o del esposo que no quiere aceptar que se olvidó de ir a buscar la leche a la tienda, por lo general, a todos nos resulta difícil admitir que algo está mal, aun después de entender que en realidad es así.

Uno de mis ejemplos favoritos sobre este asunto se encuentra en la clásica serie televisiva *Seinfeld*. Jerry entra a la lavandería con una camisa que obviamente se encogió.

Lavandero: ¿En qué lo puedo ayudar?
Jerry: Bueno, ayer recogí esta camisa aquí y después me di cuenta de que se había encogido muchísimo. No hay manera de que la pueda volver a usar.
Lavandero: ¿Cuándo la trajo?
Jerry: ¿Qué importa eso? ¡Mírela! ¿Ve el tamaño en que quedó?
Lavandero: ¿Tiene el recibo?
Jerry: No lo encuentro.
Lavandero: Debería tratar de conseguirlo.
Jerry: Mire, olvídese del recibo, ¿está bien? Y aunque lo tuviera... ¡mire esto! Parece un títere. ¿Qué hago con esto?
Lavandero: Está bien, pero ¿cómo sé que fuimos nosotros?
Jerry: ¿Qué es lo que cree, que lo estoy engañando?...

¿Que llevo esta camisita a todas las lavanderías de la ciudad para conseguir dinero? Si es eso, olvídese del dinero. Ni siquiera quiero el dinero. Pero por una vez en la vida me gustaría escuchar que un lavandero admite que tiene la culpa de algo. Eso es lo que quiero. Quiero que admita que hizo algo mal.

Lavandero: ¿Quizá pidió simplemente que la lavaran?

Jerry: No... pedí que la lavaran a seco.

Lavandero: Si me permite, le voy a explicar algo. Según la clase de tela, hay algunos productos químicos que pueden reaccionar provocando...

Jerry: (Interrumpiendo) ¡Usted hizo que se achicara! ¡Usted sabe que es así! ¡Dígame simplemente que la encogió!

Lavandero: La encogí.

¡Vaya! Aquí está. ¡Al fin alguien admite que algo salió mal! No hagas que la gente tenga que presionarte para que admitas que algo está mal. Asúmelo, admítelo, y prepárate para el tercer elemento que forma parte de una disculpa.

Por último, debes remediar lo que está mal. Una vez que entiendes qué es lo que está mal y lo admites, el tercer desafío que enfrentas es mejorar la situación.

Incluso las grandes empresas están aprendiendo esta lección. Cuando los centros de servicio automotriz Mastercare —la cadena perteneciente a Bridgestone/Firestone que está valuada en mil millones de dólares— comenzaron a vincular el sueldo del empleado con la retención de clientes, los mismos clientes se dieron cuenta del cambio. Y no fue de buena manera. Las encuestas realizadas entre dueños de automóviles en Columbus, Ohio, y Memphis, Tennessee, mostraron que a la gente no le gustaban los métodos de ventas de Mastercare.

> No hay calamidad que las palabras correctas no puedan revertir.
> **Ralph Waldo Emerson**

El vicepresidente principal John Rooney dijo: «Nos propusimos ser el mejor proveedor de servicios automotrices de los Estados Unidos de América, pero fracasamos. Descubrimos que éramos descorteses, que los mecánicos dejaban grasa en los asientos de los coches... y toda clase de cosas». A propósito, ¿notaste esa palabrita? ¡Un ejecutivo de una compañía importante dijo que habían *fracasado*! Eso es algo poco común. Sin embargo, en eso consiste exactamente el hecho de pedir disculpas. Y luego, una vez que se ha admitido el error, es necesario hacer algo para repararlo.

Así que, ¿qué hizo Mastercare después de hacerse cargo del error? Bueno, la mayoría de los clientes le dijo a la empresa que el servicio honesto y cortés al efectuar las reparaciones era dos veces más importante que el precio. Por esa razón, Mastercare elaboró un nuevo programa para incentivar a los empleados. Todos los meses, Rooney le encarga a otra firma que realice una encuesta a cincuenta clientes de cada sucursal para preguntarles si recibieron un buen servicio y si planean volver a Mastercare. Los empleados que consiguen mantener leales a los clientes obtienen una bonificación equivalente a casi el diez por ciento de su salario. Incluso las bonificaciones de los mecánicos dependen de los datos de la encuesta porque, tal como dice Rooney: «No solo importa la delicadeza del vendedor sino también la calidad del trabajo que se realiza». El resultado es el siguiente: Los centros Mastercare que emplean el nuevo sistema de incentivo elevaron la retención de clientes en un veinticinco por ciento y los cambios de empleados disminuyeron en un cuarenta por ciento.[2]

Empresas como Mastercare pueden realizar encuestas y proporcionar estadísticas que comprueban que lo que hay que hacer es remediar el problema. Ahora bien, en el caso de las personas sucede exactamente lo mismo. Nadie siente que recibió una disculpa sincera si no se repara el error.

Se requieren tres segundos para asumir la responsabilidad

Cuando era alumno de una escuela secundaria en Kansas City, Missouri, tuve que hacer un trabajo práctico sobre Harry Truman, el trigésimo tercer presidente de los Estados Unidos de América. A fin de realizar la investigación, conseguí un pase estudiantil para poder acceder a su biblioteca presidencial en la vecina ciudad de Independence. Uno de los recuerdos que tengo de aquella experiencia fue una visita que hice a la réplica de su oficina Oval.

Después de recorrer el cuarto, quedé cautivado por una inscripción que quizá haya sido el centro de muchas conversaciones con personas que visitaron la oficina de la Casa Blanca en la década de 1950.

Las cuatro palabras grabadas en oro en la inscripción captaron mi atención, tal como le habrá sucedido al amigo de Truman, Fred Canfil, cuando vio una leyenda similar en el escritorio del director de un reformatorio a principios de la década de 1940. Canfil le preguntó al director si podía fabricar uno para Truman, y la inscripción hecha en un vidrio colocado sobre una base de madera de nogal se le envió al presidente el 2 de octubre de 1945. Solo cuatro palabras: «The buck stops here» [«La responsabilidad es mía»]. La inscripción estuvo sobre el escritorio de Truman en la oficina Oval hasta el final de su presidencia.

> El mayor poder que posee una persona es la capacidad de elegir.
> **J. Martin Kohe**

La responsabilidad es mía. ¡Qué frase grandiosa! Tal vez no haya manera más concisa de expresar lo que quiero decir. Solo se requieren tres segundos para resistir el impulso de desviar la culpa. Entonces podrás pasar de la actitud que dice: «lo que sea que pase... no es problema mío», a la que expresa: «Disculpe... haré todo "lo que sea necesario"». Después de todo, asumir la responsabilidad significa que ya no estás dispuesto a pasársela a nadie.

Preguntas para la reflexión personal

1. ¿Puedes recordar algún incidente con un empleado, un compañero de trabajo o cualquier otra persona que se haya negado a asumir la responsabilidad que le correspondía ante un problema? ¿Cuál fue el incidente? ¿Cómo te sentiste frente a su reacción? ¿Por qué?

2. En lo que respecta a resistir el impulso de decir: «No es problema mío», ¿cuán capaz has sido? ¿Eres rápido o lento para asumir una responsabilidad? Después de responder tú mismo estas preguntas, pídele a tu pareja o a un amigo cercano que responda por ti. ¿Coinciden las respuestas?

3. Es casi imposible asumir la responsabilidad de un error sin expresar la palabra mágica «disculpe». ¿Por qué nos resulta tan difícil decirla?

4. ¿Crees que es apropiado asumir la responsabilidad de algo que no es directamente tu culpa (como en el caso de la empleada del hotel que no cometió el error en la reservación)? ¿Por qué sí o por qué no?

5. Vuelve a pensar en la frustración que experimentas cuando alguien culpa a otra persona o evade la responsabilidad. ¿Cómo puedes utilizar la empatía para asumir *tu* responsabilidad ante los problemas con más rapidez?

5

Se requieren tres segundos... para recorrer la segunda milla

Nuestras llamaradas más intensas suelen ser provocadas por chispas inesperadas.

Samuel Johnson

Hace poco tiempo, mi amigo John Maxwell me invitó a asistir a una conferencia que organizaba la empresa para la que trabaja. «Les», me dijo, «Catalyst es para líderes jóvenes y pensé que te iba a gustar mucho».

Como sabía que mi agenda estaba sumamente ocupada, y percibió que vacilaba al pensar en tener que volar desde Seattle hasta Atlanta para el acontecimiento de ese fin de semana, John agregó: «Estoy casi seguro de que nunca asististe a una conferencia como esta y quiero que vayas como invitado mío».

Cinco días después me encontraba en un vuelo a Atlanta. John le encargó a uno de sus colegas que me recogiera en el aeropuerto y me llevara a toda prisa al estadio donde estaba por comenzar la conferencia. Cuando llegamos a la salida de la autopista por donde teníamos que ir, el tránsito se movía con mucha lentitud.

—¿Todos estos automóviles van camino a la conferencia? —le pregunté al conductor que me llevaba.

—Sí —me dijo sonriendo.

A lo largo de la rampa de la autopista delante de nosotros vi a una docena o más de personas bien vestidas que llevaban carteles y saludaban a los conductores.

—¿Qué están hacien...? —antes de que pudiera terminar la pregunta, un joven colocó su improvisado cartel en dirección hacia nosotros para que yo pudiera verlo. Decía: «Compro entradas».

—¿Para qué competencia deportiva quieren entradas? —le dije a mi acompañante.

Me explicó que las entradas para asistir a Catalyst estaban todas vendidas y que esas personas tenían la esperanza de comprar entradas que no se iban a usar.

—Me estás haciendo un chiste —exclamé.

Mi chofer simplemente se rió y dijo:

—Usted no ha estado aquí antes, ¿verdad?

Cuando entramos a la inmensa playa de estacionamiento, me llevó hasta la entrada principal del estadio y me dejó allí.

—Kevin lo estará esperando adentro y lo llevará directamente adonde está John

> No hay embotellamiento de tránsito cuando recorres la segunda milla.
> **Roger Staubach**

Cuando terminé de dar vuelta en una esquina, de pronto me di cuenta de que estaba parado sobre una alfombra roja... esa clase de alfombra que está delimitada con filetes de terciopelo y se usa para que pasen las celebridades. Las cámaras fotográficas emitían destellos desde ambos lados mientras yo pasaba. Personas desconocidas gritaban y me pedían que me detuviera para tomarme una foto. Justo en ese momento, una inmensa limusina Hummer color amarillo brillante dio vuelta en la esquina y cerca de una docena de conferencistas asistentes se sumó a la misma bienvenida que yo estaba recibiendo. Finalmente me imaginé que esto le sucedía a todos los que pasaban por ese lugar. Caminamos a lo largo de la alfombra, algunos saludando a los fotógrafos y a los espectadores que gritaban, y otros un tanto desconcertados. Cuando nos acercamos a la puerta de entrada, vimos una banda uniformada que ejecutaba la música con fuerza y algunas personas que nos daban la bienvenida entregándonos programas de la conferencia. Fue en ese momento cuando Kevin me divisó.

—Dr. Parrott —dijo él—, John lo está esperando detrás del escenario.

Me guió a través de unas puertas y me llevó directamente hasta donde él estaba.

—¡Hola! ¡Llegaste! —exclamó John—. Justo a tiempo. Nos guardaron asientos adelante.

Traté de preguntarle a John sobre lo que había sucedido mientras llegaba a la conferencia pero, cuando entramos en el estadio, el ruido era demasiado fuerte como para hablar. El lugar estaba casi en la oscuridad total con excepción de algunas luces dispersas en los pasillos y unos coloridos rayos láser aquí y allá. Desde la cabeza hasta los pies, podía sentir la vibración de un tambor estruendoso que sonaba rítmicamente a través de unos parlantes inmensos. Era imponente... y la conferencia ni siquiera había comenzado. Cuando empezó, a cada rato me quedaba «encandilado» ante cosas inesperadas. El primer orador subió literalmente una vaca al escenario para ilustrar un concepto. Más tarde, mientras se escuchaba el sonido de la música de la película *Misión Imposible*, una docena de ninjas descendieron desde las estructuras que sostenían el techo del estadio. Y así continuó una cosa tras otra. Era sencillamente asombroso... y en ningún momento fue lo que yo esperaba que sucediera en una «conferencia de liderazgo».

Esa noche mientras cenábamos, John me dio los detalles del asunto.

—En esta conferencia queremos superar las expectativas de todos, por eso pusimos en escena a los compradores de entradas y a los paparazzi. Queríamos que las estrellas fueran los asistentes al seminario y no los oradores.

—Diría que tuvieron éxito —dije todavía asombrado.

—El éxito siempre se alcanza cuando uno supera las expectativas de la gente.

> Establecer metas elevadas hace que valga la pena ansiar que llegue cada nuevo día y cada década.
>
> **Greg Anderson**

Por supuesto que John tenía absolutamente toda la razón. Ir por encima y más allá de lo que se espera produce un impacto trascendente, y también es un ingrediente clave para hacer «lo que sea necesario».

¿En qué consiste la segunda milla?

Hace algunos años, las millas que tenía acumuladas en una línea aérea por ser un viajero frecuente estaban a punto de expirar, así que, en lugar de desperdiciarlas, organicé un viaje con mi padre a Italia para visitar Roma. Él había estado allí en varias ocasiones y yo quería que me guiara para hacer algunas excursiones. Durante los cuatro días que estuvimos allí, vimos todo lo que te puedas imaginar: el Coliseo, la Capilla Sixtina, la Fuente de Trevi y muchas cosas más.

Una noche mientras cenábamos en el hotel, el mozo se mostró especialmente servicial. Después de acordar que se merecía una buena propina, papá y yo comenzamos a hablar de algo que yo recordaba haber estudiado hacía algunos años. El entorno era especial porque tenía que ver con los soldados del Imperio Romano. Tal como sucede con los soldados en la actualidad, a menudo tenían que acarrear cargamentos pesados a lo largo de grandes distancias. Cuando atravesaban regiones pobladas, muchos de esos soldados le ordenaban a una persona que les llevara la carga. La práctica era tan común, y también tan ofensiva, que se promulgó una ley en todo el imperio donde se indicaba que un joven al que se le ordenara acarrear la carga de un soldado, lo hiciera hasta una distancia equivalente a una milla romana, o sea, alrededor de mil pasos, en cualquier dirección desde su casa. En aquellos días era común ver estacas clavadas en el suelo a lo largo de las calles de las aldeas, que los muchachos colocaban para señalar la distancia que tenían que recorrer si un soldado se lo requería.

Dado que esta práctica era tan común en la época de Jesús, él la utilizó en el Sermón del Monte como una ilustración para enseñar uno de los principios relacionales más revolucionarios que se haya enseñado jamás. A ninguno de sus oyentes le gustaba ser forzado a acarrear cosas de ningún soldado romano a *ninguna* distancia. No obstante, Jesús no solo estaba predicando que debían obedecer la ley, sino que agregó que si les ordenaban acarrear la carga una milla, debían llevarla *dos*. De aquí proviene la frase: «la segunda milla». Y todo se resume a hacer algo más allá de lo que a uno se le requiere.

> Las mejores cosas de la vida son inesperadas... porque no había expectativas de que sucedieran.
> **Eli Khamarov**

Cómo saber si uno ha recorrido la segunda milla

En la vida, la mayoría de la gente recorre la primera milla. Por lo general hacemos lo que se requiere, lo que se espera que hagamos. Si deseas mantener tu trabajo, seguir casado y tener amigos, tienes que recorrer la primera milla. Este es el requisito mínimo. Por el contrario, la segunda milla es la que nadie ve que está en camino; es algo sorpresivo.

Ahora bien, antes de que pienses que lo que digo solo se lleva a cabo en gran escala, permíteme aclarar algo: todos los días de nuestra vida tenemos la oportunidad de recorrer la segunda milla en cosas pequeñas o grandes.

> Si deseas ser creativo en tu empresa, tu profesión o tu vida, todo lo que se requiere es un sencillo paso... el paso extra. Cuando te enfrentas con un plan familiar, solo haz una pregunta: «¿Qué *más* podríamos hacer?»
>
> **Dale Dauten**

Por ejemplo, considera una organización como el hotel Four Seasons. Si le preguntas a un empleado dónde está el baño, no te van a señalar hacia el final del pasillo y decirte que dobles a la derecha. Sin importar qué estén haciendo, se detendrán y te dirán: «Venga por aquí», y te escoltan personalmente hasta el lugar. ¿Tiene un hotel necesidad de hacer esto por sus clientes? Desde luego que no, pero si desean adquirir una reputación que exceda toda expectativa, entonces lo hacen. En un sentido bastante literal, ellos recorrerán la segunda milla una y otra vez.

Ir más allá de la primera milla no es un impulso natural. Nuestro primer impulso es decir: «Hice lo que se suponía y ya está». Borramos esa tarea de nuestra lista y seguimos adelante sin siquiera reconsiderar la situación, haciendo solo lo suficiente como para demostrar que cumplimos con nuestro trabajo y que somos una buena persona. Sin embargo, la capacidad de controlar este impulso tiene el poder de revolucionar tus relaciones interpersonales, tu profesión y tu vida. Tres segundos pueden ser todo lo que se interpone entre cumplir con lo requerido y hacer lo extraordinario. Después de todo, las personas que hacen lo que sea necesario raras veces se conforman con lo satisfactorio. A esta clase de personas le interesa realizar lo inimaginable.

La segunda milla nunca se halla en el sendero de menor resistencia

Google, el asombroso programa buscador de datos que dominó los vastos recursos de Internet, atrae hacia sus puertas a multitudes de posibles empleados. Sin embargo, a pesar de su crecimiento incesante, la compañía continúa siendo altamente selectiva con respecto a dichos postulantes. En realidad, ni siquiera tienen interés en considerar una solicitud si la persona no muestra iniciativa.

Entonces, ¿cómo hace Google para seleccionar a los mejores del resto de los postulantes? Asume un enfoque diferente. Por ejemplo, en el verano del 2004, Google colocó anuncios en las carteleras que decían simplemente:

{first 10-digit prime found in consecutive digits of e}.com.

Todo el que fuera capaz de resolver ese acertijo y hallar la dirección de Internet, era dirigido a otro sitio de la red donde aparecía otro problema matemático complicado. Aquellos que eran lo suficiente inteligentes como para descifrar *ese* problema eran dirigidos a una página interna de Google que los elogiaba por su «cerebro notable y magnífico» y los invitaba a solicitar trabajo.

Google asumía que si una persona se motivaba lo suficiente como para querer resolver un problema que aparecía en una cartelera y hacía todo lo posible para lograrlo, tenía la motivación suficiente para trabajar para ellos.

¡No es una mala estrategia! De este modo, elimina a los que solo buscan recorrer el sendero de menor resistencia. Alguien dijo en una oportunidad: «Seguir el camino de la menor resistencia es lo que hace que los hombres y los ríos sean escabrosos». En raras ocasiones vagamos en dirección al éxito; más bien, los triunfos no se logran siendo llevados por la corriente sino actuando de manera intencional. Y es justo allí donde se encuentra la segunda milla... en el sendero de la intención.

En otras palabras, la segunda milla requiere iniciativa, demanda más que el mínimo esfuerzo. Entre los archivos que tengo guardados desde hace varios años, por casualidad encontré esta lista que enumera las formas de hacer exactamente esto:

Hacer más de lo mínimo indispensable

Haré más que pertenecer – Participaré.
Haré más que interesarme – Ayudaré.
Haré más que creer – Practicaré.
Haré más que ser justo – Seré amable.
Haré más que perdonar – Olvidaré.
Haré más que soñar – Trabajaré.
Haré más que enseñar – Inspiraré.
Haré más que ganar – Me enriqueceré.
Haré más que dar – Serviré.
Haré más que vivir – Creceré.
Haré más que sufrir – Triunfaré.

Autor desconocido (en ocasiones es atribuido a William Arthur Ward)

El poder asombroso de la segunda milla

La clave para sobresalir en casi todas las cosas (ya sea en el matrimonio o la administración, en los deportes o los estudios, en la actividad familiar o pública) es superar las expectativas. Cuando evitamos el primer impulso, es decir, el de seguir el sendero de la menor resistencia, producimos un impacto increíble. Antes de hablar acerca de un mapa de ruta para recorrer la segunda milla, aquí tenemos cuatro reglas específicas que forman parte del concepto:

La segunda milla genera rumor

Toda persona que alguna vez estudió publicidad sabe que no hay nada mejor que el «rumor». Este parloteo de boca en boca puede propagarse como un virus. En el ámbito mercantil, por lo general se inicia con lo que los economistas denominan «vigilantes de precios». Estas son personas que olfatean buenos negocios y se sienten impulsadas a contarle a todo el mundo sobre ellos. El rumor que generan puede crear una epidemia, ya sea grande o pequeña. Tal como lo documenta Malcolm Gladwell en su libro *The Tipping Point* [El punto clave], un consumidor satisfecho puede llenar las mesas vacías de un restaurante nuevo. Un pequeño grupo de jóvenes en el barrio SoHo puede provocar un resurgimiento nacional en la venta de determinados zapatos, y unos pocos fanáticos pueden incrementar de forma dramática la venta de un determinado teléfono móvil. Todo se reduce a rumorear acerca de algo que supera las expectativas. Las investigaciones han descubierto que si una persona le otorga una calificación de cinco a un restaurante en una escala de uno a cinco, hay seis veces más probabilidades de que le cuente a un amigo sobre ese restaurante.

Este mismo principio se aplica a nivel personal. Cuando superas las expectativas de amigos, familiares o colegas, puedes generar un «rumor». La gente no puede evitar hablar de la forma en que recorriste la segunda milla. Y esa conversación, por lo general, te beneficiará, te llevará más lejos y abrirá más puertas de las que te puedas imaginar. Las personas que recorren la segunda milla pueden ganarse una reputación increíble dentro de una organización o incluso en el lugar donde viven.

> Más de la mitad del éxito se logra cuando uno aprende el secreto de esforzarse más de lo esperado en todo lo que hace. Conviértete en una persona tan valiosa en el lugar donde trabajas que a la larga te tornes indispensable. Ejerce el privilegio que tienes de recorrer la segunda milla y disfruta todas las recompensas que recibas.
> **Og Mandino**

En el barrio de Seattle donde vivimos tenemos una vecina llamada Lucy que es famosa por las fiestas que realiza. Todos los años organiza decenas de reuniones en su casa, incluso fiestas que la mayoría de la gente ni siquiera se imaginaría. Por ejemplo, todos los años, para el Día de la Madre, invita decenas de madres solteras a su casa para celebrar a lo grande. Las fiestas de Navidad que realiza son fantásticas, y cualquiera sea el acontecimiento que se celebre, hace todo lo que puede para que sus invitados se sientan bienvenidos y disfruten. La hemos visto convertir una fiesta al aire libre para comer hamburguesas asadas en una celebración fascinante por el solo hecho de ofrecer condimentos de cocina gourmet poco comunes. Y si eres lo suficiente afortunado como para que te invite a la fiesta de Año Nuevo, te dejará asombrado con las diversas «estaciones comestibles» dispersas por toda la casa y que sin duda son deliciosas. Lucy personalmente genera rumor al superar las expectativas en todo sentido.

La segunda milla puede brindar recompensas

En agosto del 2002, la carta del editor de la revista *Newsweek* consistió en un tributo póstumo a una persona de la que yo jamás había escuchado hablar: Harry Quadracci, fundador de Quad/Graphics, la empresa editorial privada más grande del mundo. Allá por 1977, este hombre era simplemente el dueño de una pequeña imprenta en Wisconsin. Aunque por lo general no era proveedor de *Newsweek*, en una ocasión recibió un pedido urgente cuando la imprenta que de manera habitual realizaba el trabajo para la revista no podía cumplir con lo requerido. Le enviaron de inmediato los formatos, pero el avión que los llevaba fue desviado a Chicago a causa de una tormenta de nieve. Cuando el personal de *Newsweek* se enteró, entraron en pánico y llamaron a Quadracci. Sin embargo, se sorprendieron al saber que él ya había enviado un vehículo a Chicago (en medio de la tormenta) para buscarlos y que ya se encontraban en la imprenta. El editor de *Newsweek* escribe: «Fue, como suele decirse, el comienzo de una hermosa amistad. Quedamos tan impresionados con la calidad y confiabilidad de la labor de Quadracci que un año después le asignamos todo el mercado de nuestra empresa en la región Centro Oeste del país».[1]

Cuando Quadracci previó el problema y tomó la mejor medida para evitarlo desafiando la tormenta de nieve, ni se imaginaba los dividendos tangibles que le produciría esa acción. Simplemente estaba poniendo en práctica un hábito que había establecido hacía mucho tiempo: resistir el impulso de hacer el menor esfuerzo posible. Hasta donde él sabía, una vez que se solucionaran los problemas temporales que la revista tenía con su imprenta habitual, era probable que jamás volviera a escuchar nada de ella.

No obstante, de todos modos recorrió la segunda milla, y disfrutó la recompensa.

> Un caballo de carreras que generalmente corre tan solo un segundo más rápido que otro vale millones de dólares. Estar dispuesto a realizar ese esfuerzo adicional es lo que distingue al ganador de aquel que ocupa el segundo puesto.
>
> **H. Jackson Brown Jr.**

La segunda milla ejerce influencia

Hace poco, mi amigo Andrew me contó que le entregó al empleado de una gasolinera un billete de veinte dólares para pagar la gasolina que había cargado por un valor de diez dólares con diez centavos.

Para simplificar el tema del cambio, el empleado le preguntó:

—¿Tiene diez centavos?

—Si usted no tiene mucho cambio, sí tengo —respondió Andrew—, pero en realidad necesito cambiar porque en el lugar donde trabajo hay una máquina expendedora de café que no acepta la mayoría de los billetes de un dólar.

El empleado le entregó de inmediato noventa centavos en monedas; pero luego, antes de darle el resto del cambio, comenzó a fijarse en la pila de billetes de un dólar que tenía. En un momento se detuvo porque se dio cuenta de que tal vez le estaba llevando mucho tiempo, y entonces explicó:

—Estoy buscando los billetes que es más probable que acepte la máquina donde usted trabaja. Luego le entregó con todo cuidado los billetes más limpios y bien estirados que encontró.

—Quizá estos funcionen.

Hay cuatro estaciones de combustible que se encuentran a la misma distancia de la casa de Andrew. ¿A cuál te parece que él va ahora? Este es el poder que posee la acción de recorrer la segunda milla, incluso en las cosas pequeñas. ¿Cómo escoges tú una estación de gasolina? ¿Cómo eliges a tus confidentes más íntimos? Si te dan a elegir entre una persona agradable y otra dedicada, ¿a quién quieres volver a ver? Es probable que el empleado de esa estación de gasolina ganara solo el salario mínimo, por esa razón Andrew se sintió profundamente impresionado por el esfuerzo que ese hombre hizo para servirle. El impulso que lleva a recorrer la segunda milla surge en definitiva de la generosidad, y la gente puede percibir esa cualidad en ti. Al hacer más de lo que se espera, sorprendes, impresionas, e influyes en el proceder de las personas que entran en contacto contigo.

La segunda milla es inolvidable

Uno siempre se acuerda cuando alguien supera las expectativas. Es probable que Andrew no se olvide nunca de aquel empleado de la estación de gasolina, y después de leer acerca de él, tal vez tú tampoco lo hagas. Piensa en esto. ¿Puedes recordar ocasiones en las que alguien hizo algo por ti que fue más allá de lo que es meramente cortés... algo que no tenía necesidad de hacer? Quizá se trate de una persona completamente desconocida que te ayudó a encontrar el camino cuando estabas perdido; tal vez sea una empleada de una tienda que te guió al sitio preciso porque sabía que buscabas un determinado vestido; o quizás sea un Buen Samaritano que llamó un camión grúa y esperó junto al camino al lado tuyo y del automóvil descompuesto. ¿Captas la idea? Las circunstancias relacionadas con la segunda milla generan recuerdos que no te abandonan.

> La diferencia entre lo ordinario y lo extraordinario es ese pequeño esfuerzo extra.
>
> **Jimmy Johnson**

Cada vez que voy a un supermercado que está cerca de mi casa, recuerdo lo amable que fue el gerente que me ayudó a resolver un problema. Ese día había programado una entrevista en vivo en un programa radial, pero me había olvidado por completo. Mientras hacía las compras, recibí en el teléfono móvil una llamada desesperada de mi representante diciéndome que el programa comenzaba en cinco minutos. Dado que necesitaba una línea telefónica por cable para realizar la entrevista, entré a la tienda y le conté al gerente lo que sucedía. Él hizo una breve pausa y luego me llevó detrás de un espejo doble que de un lado daba hacia la tienda y del otro hacia su oficina privada. «Venga aquí», dijo él, «puede cerrar la puerta y nadie lo va a molestar por una hora. Voy a colocar un cartel». Unos segundos después me trajo una botella de agua y dijo: «Por si se le seca la garganta».

¡Vaya! Yo no le estaba pidiendo que me diera su oficina *ni* que me llevara agua, pero lo hizo. Desde luego que no tenía ninguna necesidad de hacerlo. Cuando le pedí el favor, ese hombre superó todas mis expectativas... y no lo voy a olvidar nunca.

El extraordinario servicio al consumidor y las relaciones interpersonales maravillosas se desarrollan al superar continuamente las expectativas y generar experiencias memorables.

Señales indicadoras a lo largo de la segunda milla

Los jóvenes del antiguo Imperio Romano solo señalaban la primera milla que se les requería recorrer con un soldado. Para caminar literalmente la segunda milla a la que Jesús se refirió en su sermón, tenían que contar los pasos e imaginar la distancia hasta donde se extendía. Afortunadamente, si sabemos dónde mirar, nosotros podemos ver varias señales que corresponden a la «segunda milla». Cada una de ellas está indicada mediante una sorpresa positiva.

Convicción

¿Alguna vez conociste a alguien que se mantuvo firme en sus convicciones sin importar lo que sucediera? ¿Alguien que estuvo dispuesto a pagar cualquier precio —incluso perder el trabajo o a un amigo— para hacer lo que creía que era correcto? Tal vez no hayas pensado en esto como una manera de recorrer la segunda milla, pero yo creo que es así.

Denis Waitley escribió acerca del primer día de trabajo de una enfermera novata como parte del equipo de cirugía de un hospital grande y renombrado. Una de sus responsabilidades en la sala de operaciones era asegurarse de que todos los instrumentos y materiales estuvieran en su lugar al final de la intervención. En la primera cirugía que presenció, cuando el cirujano se preparaba para cerrar la incisión, ella le dijo:

—Usted solo ha removido once esponjas. Utilizamos doce y tenemos que encontrar la que falta.

—Ya removí todas —declaró enfáticamente el médico—. Ahora vamos a suturar.

—No —objetó la enfermera novata—, utilizamos doce esponjas.

—Yo asumo la responsabilidad —dijo el cirujano en tono serio—. Suturen.

—No, señor, usted no puede hacer eso —exclamó de repente la enfermera—. Piense en el paciente.

El cirujano sonrió, levantó el pie y le mostró a la enfermera la esponja número doce.

—A usted le va a ir bien en este hospital o en cualquier otro.[2]

Siempre que asumas una posición en base a tus convicciones (no porque estés simplemente contrayendo los músculos sino porque te preocupas por el bienestar de otra persona), estarás recorriendo la segunda milla. El cirujano estaba buscando esa reacción en la enfermera y se sintió complacido al hallarla. En el caso de ella, lo que le importaba era la salud del paciente, pero todos tenemos convicciones relacionadas con cosas que van desde la justicia hasta la seguridad personal. Cuando asumes una posición firme para defender lo que crees, tienes oportunidad de generar una sorpresa positiva para aquellos que te rodean.

Ver más allá de lo negativo

El muchacho siempre tenía problemas en la escuela, así que cuando los padres recibieron otra llamada para ir a reunirse con la profesora y el director, sabían lo que se avecinaba... o eso fue lo que pensaron.

La profesora se sentó con el padre del joven y dijo:

—Gracias por venir. Quiero que escuchen lo que tengo que contarles.

El padre se cruzó de brazos y aguardó mientras esperaba lo peor. Por eso se sorprendió cuando la profesora procedió a enumerar diez atributos *positivos* de su alumno «problemático». Cuando terminó, el padre dijo:

—¿Eso es todo? Dígame ahora cuáles son las cosas malas.

—Esto es todo lo que quería decirles —declaró ella.

Esa noche, cuando el padre llegó a la casa, le repitió al hijo la conversación. Y algo cambió. Casi de la noche a la mañana, la actitud y el comportamiento del joven problemático comenzaron a mejorar. Esta dramática transformación se inició porque una profesora vio más allá de lo negativo.

> No rebajes tus expectativas para que estén a la altura de tu desempeño sino eleva tu nivel de desempeño para que se cumplan tus expectativas. Confía en que puedes desempeñarte de la mejor manera, y luego haz todo lo que sea necesario para que se convierta en realidad.
>
> **Ralph Marston**

Ahora bien, sé lo que estás pensando: esta es simplemente una de esas pequeñas anécdotas emocionantes que en realidad no ocurren nunca. Estás pensando que es la clase de historias que los escritores y oradores utilizan para alentar. Está bien, tienes razón, *estoy* tratando de alentarte. Sin embargo, sucede que también es cierta. En mi labor como psicólogo veo que esta escena se repite una y otra vez con personas conflictivas y problemáticas de todas las edades. Cuando se trata de un niño difícil, muy pocas personas están dispuestas a ver más allá de lo negativo, y no pasa mucho tiempo antes de que ese niño comience a vivir a la altura (¿o debo decir por debajo?) de las expectativas negativas de la gente. ¡Pero qué sorpresa causa cuando el enfoque se centra en lo positivo!

Cuando centras la atención en el aspecto positivo de una relación, no solo te beneficias tú mismo (al mejorar tu actitud) sino que también influyes a la otra persona. Cuando te tomas tres segundos para rechazar el impulso de abrigar expectativas negativas, te colocas a ti mismo y a los demás en posición de esperar resultados positivos. ¡Qué manera tan eficaz de recorrer la segunda milla!

Flexibilidad

¿Cuántas veces te has encontrado con una persona intolerante e inflexible que parece incapaz de sentir empatía por los demás? Es exasperante, ¿verdad? Hace poco mi amiga Sandy regresó de un viaje a Egipto. Cuando se estaba preparando para viajar, compró unas maletas nuevas pero, al poco tiempo de iniciar el recorrido, se dio cuenta de que la cremallera de una de ellas no se mantenía cerrada. Terminó volviendo a empacar todo lo que podía y viendo de qué manera creativa lograba cerrar esa maleta. Era evidente que el equipaje no le había servido, por lo que después de volver a casa, trató de devolverla en la tienda donde la había comprado para que le reembolsaran el dinero. Un pedido razonable, ¿no te parece? Bueno, al vendedor no le pareció así. Cuando escuchó lo que ella le pedía, ni siquiera levantó la vista de lo que estaba haciendo y dijo: «Usted se lo llevó al viaje, así que no lo puede devolver».

> Puedes comenzar a aplicar ahora mismo el hábito de recorrer la segunda milla brindando un mayor y mejor servicio del que corresponde a lo que te pagan en este momento.
> **Napoleon Hill**

Sandy supuso que debía aclarar la situación, entonces explicó que ya se encontraba de viaje cuando descubrió que la maleta era prácticamente inservible. Sí, había viajado con ella, pero la maleta había hecho el viaje en condición de pasajero y no como «miembro contribuyente del partido». No obstante, la explicación no convenció al empleado de la tienda. Él le dejó en claro que estaba cumpliendo con la política de la tienda, por lo tanto, no permitió que la devolviera.

Sandy salió del lugar con la maleta rota en vez del dinero devuelto y no tiene la más mínima intención de volver allí. La inflexibilidad del vendedor hizo que la tienda perdiera una fiel clienta. Creo que el primer impulso que todos tenemos es hacer solamente lo requerido. Este vendedor no es el único que insiste en aferrarse a cumplir con las políticas establecidas. «Solo cumplo con mi trabajo», es todo lo que se necesita decir para defender la posición. Cuando te enfrentes con obstáculos que te impiden suplir una necesidad, puedes considerarlo como una señal indicadora, es decir, una oportunidad de recorrer la segunda milla.

Generosidad

El filósofo francés Albert Camus dijo: «Muchas personas prescinden de la generosidad a fin de practicar la caridad». Yo creo que estas dos cualidades se encuentran por lo menos a una milla de distancia entre sí. La caridad es el comportamiento que corresponde a la primera milla; es una generosidad falsa que hace solo lo mínimo indispensable. La caridad le otorga al dador una deducción de impuestos. En cambio, la generosidad se basa en una empatía e intención genuinas que van más allá de las expectativas.

Desde todo punto de vista, Maklin Shulist debería haber ocupado el extremo receptor de una acción generosa. Cuando estaba gravemente enfermo a causa de un tumor cerebral, se le acercó la Fundación Make-A-Wish [Pide un Deseo], la cual desde 1980 les ha estado cumpliendo deseos a niños con enfermedades de pronóstico fatal. La mayoría de ellos pide conocer a una persona renombrada, un deportista favorito, o hacer un viaje con la familia al Mundo de Disney.

Sin embargo, el deseo de Maklin consistió en enriquecer la vida de otras personas. Le pidió a la Fundación Make-A-Wish que construyera algo que tal vez él nunca llegaría a disfrutar: un muro para escalar en el patio de juegos de la escuela primaria Ellisville de Missouri. Mak se encontraba muy débil como para ni siquiera visitar el proyecto, y murió el 9 de abril del 2004, dos días después de que se terminara de construir.

Dane Knes, director de la escuela suburbana Ellisville a la que asistían seiscientos alumnos, dijo: «Aprendimos esta lección de parte de un niño de nueve años: Aun cuando estamos atravesando momentos difíciles, debemos pensar en los demás y no en nosotros mismos».[3]

¡Estamos hablando de recorrer la segunda milla! Esta es una lección que la mayoría de los adultos aún no hemos aprendido. La generosidad te brinda todo. ¿Por qué? Porque cuando recorres la segunda milla con generosidad, estás dando todo de ti, y aun así, siempre te da la impresión de que no te cuesta nada.

Honestidad

La mayoría de la gente no considera que la práctica de la honestidad sea un rasgo relacionado con la «segunda milla». Después de todo, los seres humanos decentes son en esencia honestos, ¿no es así? Tal vez no. Las personas buenas pueden hacer algunas cosas turbias. Incluso un vendedor bien intencionado puede sentirse tentado a aprovecharse de la ignorancia de un cliente diciéndole solo los aspectos positivos de un producto. Un esposo puede dar una razón por la cual no hizo algo que ella le pidió (porque se olvidó) y dejar de explicar el otro motivo (que en realidad no era un asunto importante para él). Una clienta que descubre que no le cobraron un artículo que acaba de comprar quizá lo coloca aparte porque planea ir a devolverlo, pero en realidad nunca lo hace.

> Nunca escatimes ese esfuerzo extra, esos pocos minutos adicionales, esa palabra amable de elogio o agradecimiento, esa entrega de lo mejor que puedes brindar. Nunca podrás dar lo mejor de ti, lo cual debería ser siempre tu lema, si escatimas esfuerzos y eludes responsabilidades.
> **Og Mandino**

La honestidad escrupulosa requiere considerar el concepto de la segunda milla porque es difícil aplicarla, es inconveniente. Puede desencadenar un conflicto o hacer perder una venta, pero también puede generar una confianza total. Richard Wetherill, quien se desempeñó como consultor administrativo durante más de seis décadas hasta su muerte en 1989, elaboró una teoría que en ese momento no le atrajo a casi nadie y que se denomina: La Ética de la Acción Correcta.

Proponía la existencia de una ley natural de lo correcto absoluto. Una acción correcta obtiene resultados correctos mientras que una incorrecta genera resultados incorrectos. Suena como algo que Jesús predicaría, ¿no es así? Pero en la esfera mercantil, los absolutos morales a menudo caen en el relativismo. (Si se logran los objetivos, se justifica el uso de cualquier método para alcanzarlos.)

Wetherill tenía un grupo de seguidores pequeño pero leal, y en 1978, cerca del final de su vida, algunos de sus colaboradores en la tarea de investigación fundaron una empresa con el objetivo de aplicar y demostrar el éxito de sus teorías. Esta empresa, denominada Wetherill Associates, Inc. (WAI), vende alternadores y motores de arranque para automóviles en todo el mundo. WAI al inicio se dedicaba a la venta por teléfonos, y a principios de la década de 1980 se había afirmado en el mercado. A fines de la década de 1990, las ventas anuales de la compañía ascendían a ciento sesenta millones de dólares con un promedio de crecimiento del veinticinco por ciento anual.

La página de Internet www.thegoodsteward.com [el buen administrador] es un sitio que brinda información y herramientas para ayudar a la gente a poner en práctica la mayordomía bíblica en el uso del dinero. En 1997, Carter LeCraw, planificador financiero y contribuyente del sitio, escribió lo siguiente sobre WAI: «¡Estos valores de rendimiento son en particular impresionantes al tener en cuenta que Wetherill no posee metas para niveles de ventas ni de ganancias! De hecho, el manual de la compañía declara específicamente: "No tratamos de obtener ganancias ni de evitar pérdidas; más bien, intentamos llevar a cabo la 'acción correcta' de la mejor manera que sabemos hacerlo. Las ganancias son un resultado natural"».[4]

El éxito de Wetherill Associates ha sorprendido a muchos. Al recorrer la segunda milla con honestidad e integridad, los integrantes de la compañía demostraron que Richard Wetherill sabía de qué estaba hablando. Sus «resultados correctos» demuestran la veracidad de su teoría.

Humildad

Steve Sample es rector de la Universidad de Southern California. En su libro *The Contrarian's Guide to Leadership* [Guía del opositor para el liderazgo], Sample relata una lección sobre liderazgo que aprendió cerca del comienzo de su carrera profesional.

Dice que uno de los primeros encuentros que tuvo con la verdadera actividad de liderazgo se produjo en 1971, cuando fue nombrado, a la tierna edad de treinta años, subdirector de relaciones académicas del Illinois Board of Higher Education [Consejo de Educación Superior de Illinois]. Fue en ese cargo donde aprendió muchísimo del presidente de ese consejo, George Clements, quien se había hecho famoso por haber sido el hombre que convirtió el Jewel Tea Company con sede en Chicago en una importante cadena nacional de supermercados. Sample escribe:

> El piloto kamikaze que realizó cincuenta misiones de vuelo estaba involucrado... pero no consagrado a la tarea.
> **Lou Holtz**

> Cuando recién acababa de asumir mi cargo, el Sr. Clements me dijo: «Steve, permíteme darte unos consejos básicos sobre el liderazgo. Tal vez ocupes parte de tu tiempo contratando a tus colaboradores directos, evaluándolos, exhortándolos, determinando sus salarios, elogiándolos, reprendiéndolos y, cuando sea necesario, despidiéndolos del trabajo. Cuando sumes todo eso, equivaldrá aproximadamente al diez por ciento de tu tiempo. Durante el noventa por ciento restante debes hacer todo lo que puedas para ayudar a esas personas a tener éxito. Tú debes ser el primer colaborador de la gente que trabaja para ti».[5]

Desde luego que el consejo que recibió Steve Sample de parte del Sr. Clements no es lo que la mayoría de los líderes nuevos desea escuchar. Después de esforzarse tanto para lograr el éxito, la mayoría de la gente está lista para que otros comiencen a servirle y no a la inversa. La humildad de esta clase es algo sorprendente, y no es necesario ser líder de una organización para ponerla en práctica. Cualquier persona puede recorrer la segunda milla con humildad.

Humor

El día que el presidente Ronald Reagan, en ese entonces de setenta años de edad, fue baleado por John Hinckley Jr., se vivió una jornada muy oscura en la historia de los Estados Unidos de América. Reagan recibió un disparo y fue llevado de inmediato al hospital. Mientras lo conducían con rapidez a la sala de emergencias del hospital George Washington University, miró a los doctores y las enfermeras y dijo: «Espero que sean todos republicanos». Más tarde, las primeras palabras que expresó al recuperar la conciencia se las dirigió a una enfermera que por casualidad sostenía la mano del presidente. «¿Nancy está enterada de lo nuestro?», dijo bromeando.

Cuando la propia Nancy llegó unos minutos después, Reagan la saludó con este comentario: «Querida, me olvidé de esquivar el golpe». Estaba citando al campeón de boxeo Jack Dempsey, quien le había dicho lo mismo a su esposa después de perder el campeonato mundial de pesos pesados ante su rival Gene Tunney en 1926. Y, según Edwin Meese, procurador general durante la administración Reagan, el presidente los dejó perplejos a él y a otros miembros del personal de la Casa Blanca cuando los saludó preguntando: «¿Quién se hizo cargo de la tienda?»

Un reportero dijo que, dejando de lado cuál fuera su tendencia política, el humor de Reagan hacía que resultara difícil que le cayera mal a alguien. Y es verdad. El humor hace que las personas se relajen... en especial cuando uno no lo espera. Esto es lo que permite que el humor sea una práctica de la segunda milla, ya que en momentos difíciles, disminuye la tensión. Tal como dijo Grenville Kleiser: «El buen humor es un tónico tanto para la mente como para el cuerpo. Es el mejor antídoto para la ansiedad y la depresión. Es un elemento valiosos en los negocios; atrae y conserva a los amigos y aliviana las cargas humanas».

Es fácil ser denodado y serio, y a menudo es necesario. Aun cuando Reagan le hizo un chiste al cirujano, estoy seguro de que se alegraba de la seriedad con que el médico realizaba su trabajo. Y esa es la forma de recorrer la segunda milla con humor: tomar la tarea con seriedad, pero reírse de uno mismo.

Se requieren tres segundos para recorrer la segunda milla

Está bien, en realidad no es así. Es probable que recorrer la segunda milla en realidad lleve más de tres segundos. Sin embargo, apenas haciendo una breve pausa de tres segundos seremos capaces de resistir el impulso de recorrer solo la primera milla, y en lugar de eso, elegir superar las expectativas.

El autor y orador Gary Ryan Blair lo expresa bien cuando dice: «Haz más de lo que se requiere. ¿Qué distancia hay entre aquellos que logran sus metas de manera consistente y los que pasan sus vidas siguiendo a otros y haciendo simplemente su trabajo? La segunda milla».

Preguntas para la reflexión personal

1. ¿Cuándo fue la última vez que alguien recorrió la segunda milla para beneficiarte a ti? ¿Qué hizo esa persona y cómo sabes que fue «la segunda milla»?

2. ¿Cuándo fue la última vez que de manera voluntaria recorriste la segunda milla para bien de otra persona? ¿Qué fue específicamente lo que hiciste y cómo reaccionó la otra persona?

3. ¿Estás de acuerdo en que la segunda milla nunca se halla en el sendero de menor resistencia? ¿Por qué sí o por qué no?

4. La segunda milla está señalada mediante sorpresas positivas, tales como la generosidad, la flexibilidad, la honestidad, la humildad y el humor. ¿Cuál de estas sorpresas es la que te resulta más fácil practicar a fin de recorrer la segunda milla? ¿Cuál te requiere más esfuerzo? ¿Cómo puedes mejorar tu manera de reaccionar ante los impulsos más difíciles?

6

Se requieren tres segundos para... dejar de dar vueltas y comenzar a actuar

No se puede construir una reputación sobre lo que uno va a hacer.

Henry Ford

«Todo el mundo habla de escribir un libro», solía decirme mi padre, «pero muy pocos se pegan a una silla y en verdad lo hacen».

Tiene razón. Después de haber escrito yo mismo un par de docenas de libros, la gente a menudo me cuenta acerca del libro que *va* a escribir... algún día. Casi todas las semanas escucho que alguien dice: «Voy escribir un libro... lo único que me hace falta es encontrar el tiempo para hacerlo». Algunas de estas personas me han estado diciendo lo mismo durante años.

> La preocupación no le quita angustia al mañana sino que le resta fortaleza al hoy.
>
> **Corrie Ten Boom**

Debo confesar que sé lo que se siente, ya que a mí me pasó lo mismo durante las últimas etapas de mis estudios para el doctorado. Estaba llegando al período que todos los estudiantes de algún doctorado conocen como «ABD»: All But Dissertation [Todo menos la tesis]. Quizá esto suene como una breve parada de descanso en el camino hacia la obtención de un título avanzado, pero para muchos estudiantes termina siendo el final del sendero. A lo que me refiero es que después de completar todos los trabajos asignados durante la carrera, se encuentra esta sumamente preocupante tarea de investigación a fin de escribir una tesis monstruosa. Es un trabajo escrito que será evaluado por miembros de una comisión los cuales procuran demostrar su capacidad unos frente a otros. Por desdicha, la intimidación que produce esta perspectiva trae como resultado que una cantidad significativa de alumnos inteligentes nunca completen sus proyectos. Hablan del tema, leen y planean hacerlo, pero en definitiva nunca se sientan para concretarlo.

Es un síndrome lo suficiente común como para ser investigado y se caracteriza por presentar varias tendencias: «preocupación por terminar; sentimiento repentino y abrumador de que el tema es aburrido e insignificante; depresión cuando los datos no se adecuan a la hipótesis; y comparaciones desfavorables con otros estudiantes que están por graduarse».[1]

Creo que fue el temor de que yo padeciera este síndrome lo que impulsó a mi papá a tomar un vuelo de Chicago a Los Ángeles para reunirse conmigo durante gran parte de un día para hablar sobre cómo me iba con la tesis. Papá era director de una institución de estudios terciarios y conocía bien el síndrome ABD, y creo que él presintió, cuando hablamos por teléfono, la posibilidad de que yo entrara en una etapa potencialmente prolongada de ese padecimiento.

«Estoy considerando algunas ideas», le dije, «pero no estoy completamente seguro de haber encontrado el tema apropiado». Papá siempre había escuchado paciente mientras yo me preocupaba en voz alta sobre cuál sería el tema que le caería bien a mi mentor académico y a la futura comisión que evaluaría la tesis. «Escuché algunas historias tremendas de alumnos que tuvieron que volver a escribir todo el proyecto», le contaba.

Pero todo mi temor en cuanto a escribir la tesis llegó a su fin esa tarde mientras papá y yo almorzábamos en el restaurante del hotel Century City Plaza. Él escuchaba, como de costumbre, mientras yo le comentaba algunos temas que creía que al fin iba a investigar. Asentía con la cabeza demostrando comprensión cuando le describía los posibles problemas que podría tener con ciertos eruditos que formaban parte de la comisión y se compadecía cuando le contaba lo difícil que era concentrarse en nuestro pequeño y ruidoso apartamento sin aire acondicionado.

Al final, mi papá se apoyó en la mesa y dijo lo que lo había impulsado a recorrer medio país para decirme: «Hijo, puedes hablar todo lo que quieras acerca de lo que podría suceder si hicieras la tesis sobre esto o aquello. Puedes preocuparte todo lo que desees en cuanto a la política de evaluación que aplique la comisión. Y sé que puedes encontrar una infinidad de razones que harán que el proceso de escritura de esta tesis sea complicado». Luego hizo una breve pausa mientras miraba a través del vidrio de la ventana que estaba junto a nuestra mesa como si estuviera midiendo sus palabras. Después fijó su mirada en mí y dijo: «Pero solo vas a escribir tu tesis cuando dejes de hablar del tema y comiences a desarrollarla».

> Hay dos clases de fracaso: el hombre que no hace nada de lo que se le dice, y el que no hace nada más que eso.
> **Perle Thompson**

Supe que tenía razón aun antes de que terminara la frase. Sé que lo que dijo no era ningún concepto revolucionario. Sin embargo, hubo algo en la forma en que lo expresó y la manera como me miró en ese momento que hicieron que fuera más que un simple pensamiento. Era un mensaje que había venido a darme en persona y que tocó una parte de mi ser que está directamente relacionada con el sitio donde guardo mis motivaciones. De pronto supe con toda certeza lo que era necesario hacer, y dentro de mí se suscitó la decisión de dejar de quejarme y ponerme en acción. Ese era el impulso que me hacía falta para dedicarme a cumplir con la meta dejando de lado lo intimidatorio que se había tornado el asunto.

Y lo hice. Ese mismo día me decidí por un tema y me lancé de lleno a desarrollarlo. Tomé la determinación de hacer todo lo que requiriera esa tesis y no iba a parar hasta completarla. Me entregué por entero a la acción porque tenía un propósito.

> Hay muchas personas valiosas que tienen buenos pensamientos, buenas ideas y buenas intenciones, pero muy pocos de ellos son los que alguna vez las transforman en acciones.
> **John Hancock**

Esa noche hablé con mi esposa sobre lo que tenía intenciones de desarrollar, y ambos acordamos hacer todo lo que fuera necesario para dejar de lado la vida normal a fin de completar el proyecto. Decidimos sacrificarnos juntos haciendo lo siguiente: para empezar, desconectar el televisor, suspender las próximas vacaciones y disponer de un espacio y un horario en que yo pudiera dedicarme a escribir. Me quedaba levantado hasta tarde, ya que había descubierto que las horas que me resultaban más productivas eran después de que la mayoría se iba a dormir. En otras palabras, pagamos el precio reacomodando nuestra vida a fin de concretar ese objetivo.

Ahí fue cuando dejé la etapa de simplemente hablar de mi tesis y en verdad comencé a escribirla. El proyecto se convirtió en mi pasión, y sin intención, fui el primero de la clase en completar la tesis. Esto no formaba parte de mi plan, fue algo que simplemente sucedió. Terminé un año antes de lo previsto tanto por la comisión como por mí mismo, y todo ocurrió porque decidí dejar de darle vueltas al asunto y comenzar a actuar.

¿Por qué razón tantas cosas que planificamos no van más allá de ser solamente ideas? Porque el primer impulso es posponer la acción. Todos los primeros impulsos que se mencionan en este libro son más fáciles de seguir que los segundos, pero en el caso de la preocupación previa a la acción, la mayoría de la gente descubre que la distancia entre ambos impulsos es sumamente amplia.

Siempre me gustó un fragmento de poesía escrito por Henry Wadsworth Longfellow. Lo tengo grabado en una pequeña y delicada placa en mi oficina:

> Las alturas adonde llegaron y se mantuvieron los grandes hombres
> No se alcanzaron mediante un vuelo repentino,
> Sino que, mientras sus compañeros dormían,
> Ellos se esforzaron durante la noche para ascender.

A lo largo de los años he leído las palabras de Longfellow con frecuencia, por lo general a altas horas de la madrugada mientras escribía algún libro. Ellas me inspiran a seguir avanzando como escritor aun cuando las palabras brotan con lentitud y el mundo entero parece estar profundamente dormido. Comprendo por experiencia cómo es esta lucha. Conozco los vaivenes de energía que se producen aun cuando uno está sinceramente decidido a actuar, la agonía de la gratificación que se pospone y el esfuerzo que se requiere para resistir la distracción o el desánimo. No obstante, también sé que si no hubiera aprendido esta lección y si tan solo hubiese hablado sobre lo que tenía intenciones de hacer algún día, en lugar de tener un «Dr.» delante de mi nombre, tendría un

«ABD». Por lo tanto, si no hubiera aprendido la lección acerca de esforzarme para cumplir con la tarea, no estarías leyendo estas palabras porque el libro aún seguiría siendo solo una gran idea. Como te puedes imaginar, lo escribí durante las horas de la madrugada... a pesar de la tentación y la lucha para no dejar de lado la tarea y simplemente hablar de lo que tenía intención de escribir al día siguiente.

> Si deseas ser creativo en tu empresa, tu profesión o tu vida, todo lo que se requiere es un sencillo paso... el paso extra. Cuando te enfrentas con un plan familiar, solo haz una pregunta: «¿Qué *más* podríamos hacer?»
>
> **Dale Dauten**

Ponerse en acción —ya sea para escribir un libro, adelgazar, comenzar una empresa, ponerse firme ante el jefe o entrenar para un maratón— es difícil. Muchos abandonamos antes de actuar. Sin embargo, la persona que está dispuesta a hacer «lo que sea necesario» sabe que tendrá que pagar el precio y dedicarse a alcanzar el objetivo aun cuando no sea fácil.

¿Cuáles son tus intenciones?

Parece que fuera fácil distinguir entre preocuparse y actuar. No obstante, en realidad puede ser bastante difícil porque la línea que separa ambas acciones es muy sutil. El hecho de reunir información puede ser una forma de ponerse en acción. Sin embargo, después de cierto punto, se transforma en una manera de evitar seguir adelante con alguna otra cosa. Discutir los planes puede, en ocasiones, ayudar a aclararlos; pero una vez más, tenemos que decidir en qué momento la discusión se convierte en retraso. Algunas personas simplemente tratan de hacer *algo*, aun cuando eso no las acerca al cumplimiento de las metas. En este caso tampoco es acción sino ocupación.

¿El que nada arriesga, nada pierde?

Allá por el año 2002, un amigo me contó sobre un artículo que había elaborado y que deseaba vender por Internet. Sonaba como que iba a ser un gran producto que supliría un nicho en el mercado y que probablemente le haría ganar mucho dinero. Le dije cuánto me agradaba y lo alenté para que concretara su plan. Sin embargo, *tres años después*, en el 2005, aún seguía siendo solo una idea. ¿Cuál fue el problema? Requería la acción de escribir; esa clase de actividad que implica sentarse en una silla y apoyar el bolígrafo en el papel. Solo se necesitaba un par de días para fabricar el producto y escribir a lo sumo unas veinte o treinta páginas. No obstante, una vez que se hiciera eso, no habría nada más que agregar. Podría venderlo una y otra vez.

> La razón de que la mayoría de las metas no se concreten es que nos pasamos el tiempo haciendo primero las cosas menos importantes.
> **Robert J. McKain**

Por desdicha, poner esas palabras por escrito se convirtió en un obstáculo insuperable al estilo del Monte Everest. Simplemente no se sentaba a escribir. Hablaba del tema con sus amigos de confianza y elaboraba una lista de todos los aspectos por los cuales se convertiría en un negocio lucrativo, pero nunca hizo algo más que hablar.

Mirándolo desde afuera, yo tenía una mejor perspectiva de cuál iba a ser el resultado: ninguno. Todo el tiempo que podría haber utilizado para implementar el plan se lo pasaba perfeccionándolo. Era evidente que se preocupaba, le daba vueltas al asunto y no actuaba.

Dado que era su idea y su negocio, yo simplemente observé y mantuve la boca cerrada... durante un tiempo, pero después tuve una idea que pensé que lo podría ayudar. Sugerí que el producto tal vez se podría presentar mejor mediante un vídeo que desarrollado en un papel. La idea le gustó de inmediato y se puso a trabajar. Encontró un camarógrafo, una máquina copiadora de vídeos, un diseñador de páginas de Internet y todo lo demás. Ya estaba todo listo para rodarlo.

Eso fue el año pasado por esta misma época.

¿El producto está en el mercado? No.

¿Alguna vez se llevó a cabo la primera filmación? No.

¿Está haciendo dinero? Por supuesto que no.

¿Por qué?

Porque hay otras maneras de preocuparse. Había dado el primer paso, pero luego se había quedado allí, tambaleándose con inseguridad y todavía mirando hacia la cima de la montaña que iba a escalar. Conoces esta clase de personas: anotan todo en una hoja, averiguan nombres, lugares, costos y factibilidad, pero nunca *dejan de* investigar. Es como el muchacho que quiere comprarse un televisor nuevo. Averigua cuál es el que más eligen los consumidores, pregunta precios, mide el espacio donde lo quiere ubicar y piensa qué tipo de mueble necesita comprar para colocarlo. Luego, mientras hace todo eso, alguien aparece con la tecnología de pantalla plana y entonces tiene que comenzar todo de nuevo.

Ocupación frente a logro

Hace poco leí la historia de un hombre que estaba muy ocupado. Winter [Invierno] (sí, ese es su nombre comercial), un programador de computadoras independiente, desarrolla una misión poco común. Este nativo de Houston, Texas, (nacido como Rafael Antonio Lozano) se propuso como meta beber café en todos los restaurantes Starbucks de Norteamérica. Ha estado haciendo esto desde 1997, y hasta la fecha en que escribo este libro, ha ingerido una bebida cafeinada en cinco mil setecientos setenta y cuatro restaurantes en actividad pertenecientes a la compañía Starbucks en todos los estados del país excepto Hawai. También ha bebido una tasa de té en trescientos seis sitios internacionales, incluyendo Japón, Inglaterra, España y Francia.[2] En caso de que te estés preguntando si era consciente de lo que estaba haciendo, él mismo explica algunas de las reglas que estableció para cumplir:

> La regla primordial es que tengo que beber por lo menos la cantidad de cuatro onzas de café en cada restaurante. El restaurante ya tiene que estar abierto al público; no puedo llegar el día antes, cuando se hace la inauguración para los amigos y familiares y se reparten bebidas gratis... Tiene que ser un restaurante privado y no concedido bajo licencia. Tengo que beber el café, pero no hay una fecha límite para hacerlo; no obstante, cuanto más tiempo pase sin beberlo, mayor es el riesgo de que no lo pueda lograr. Hay dos restaurantes en el estado de Washington adonde debo regresar porque no terminé de beber el café... lo perdí [después] de sacarlo del restaurante.[3]

Winter, acerca del cual se hizo un documental (*Starbucking*) que se lanzará en el 2007, obtuvo un récord personal en el 2006 cuando visitó veintinueve restaurantes Starbucks en *un día* y bebió ciento cuatro onzas de café y tres medidas de café expreso. ¿Cómo se sintió después de lograrlo? «Bueno, al poco tiempo comencé a tener dolor de cabeza y a sentirme nervioso. Más tarde, debido a todo el líquido que había tomado, empecé a sentirme hinchado, y el solo hecho de mirar una pequeña taza de café me daba náuseas».[4]

Este hombre debe tener una buena razón para gastar la mayor parte de sus discretos ingresos (cerca de treinta mil dólares) en esta misión, ¿no crees? Pues no, en realidad, hasta donde yo sé, no hay ningún motivo. Parece ser que su meta es «hacer algo único». Si bien en una entrevista dijo que se vio incentivado por una conversación que tuvo con un barista de Starbucks acerca del rápido crecimiento de la empresa. «Se debe en parte a mi instinto coleccionista», dijo él. «Una vez que me decido a coleccionar algo, tengo que tenerlo todo. Me gustan mucho los libros de historietas, los naipes y las monedas. Colecciono principalmente estas cosas de Starbucks, y lo que me impulsa es mi instinto por conseguir todo lo relacionado con eso».[5]

Este es un hombre que trabaja arduamente; está dispuesto a sacrificar su tiempo, su dinero e incluso su salud para alcanzar la meta. Para mí, esto hace que Winter sea una ilustración perfecta, si bien dramática, de una persona que se mantiene en extremo ocupada para concretar algo que carece de valor.

Tengo un amigo «ocupado» que en verdad se siente elogiado cuando le dicen que parece estar cansado. «Le estuve dando fuerte», dice con orgullo. ¿Conoces a alguien así? Esas personas consideran que estar «ocupado» es una insignia honorífica. ¿Por qué? Esta actitud tiene que ver con algo que los psicólogos denominamos beneficios secundarios, es decir, las ganancias que inconscientemente tal vez estemos buscando obtener. El beneficio primario o consciente que recibimos de estar muy ocupados suele ser la productividad. Nos sentimos productivos porque damos ese aspecto. Pero justo debajo de la superficie, quizá estemos persiguiendo dicha ocupación porque alivia alguna ansiedad que tenemos. El estar demasiado ocupados puede incluso proporcionarnos la excusa necesaria para no hacer algo en lo cual tenemos miedo de fracasar. Debido a que el estar ocupados nos da libertad para llegar tarde, retirarnos temprano o estar ausentes por completo, podemos poner la excusa de que no tenemos tiempo para hacer lo que nos ayudaría a concretar nuestro sueño.

Cruzar la línea que separa la preocupación de la acción

Al igual que mis colegas ABD de la universidad, muchos tenemos por lo menos una cosa acerca de la cual hablamos, planificamos o nos preocupamos, pero nunca hacemos nada para concretarla. ¿Y tú? ¿Cuál es el sueño que anhelas concretar, pero que parece ser que nunca te pones en acción para lograrlo? Menciona una meta específica para esta etapa de tu vida. Luego, a medida que leas el proceso siguiente, tenla presente. Si dedicas tiempo para aplicar este proceso a tu sueño, cuentas con el potencial para progresar y dejar atrás la preocupación.

1. Enfrenta la causa más común que produce preocupación: el temor

El lema de todos los que se estancan en la preocupación y no actúan podría ser el siguiente: «El que nada arriesga, nada pierde». Dichas en voz alta, estas palabras parecen absurdas. No obstante, hay muchos que viven la vida en base a ellas, aun cuando nunca las expresen. Permiten poner excusas para la inactividad, hacen que se cuestionen las decisiones y extinguen toda buena intención.

¿Qué se halla debajo de esta inercia? Creo que la mayor parte de las preocupaciones tienen su raíz en el temor: temor al fracaso, al éxito, a la pérdida del control. Es la causa número uno de la parálisis motivacional. Hay muchísimas personas que hablan de una buena oportunidad pero nunca se lanzan a la acción porque tienen miedo de que pueda resultar un desastre.

Si nunca consideraste tu preocupación desde este aspecto, es probable que esta idea te resulte novedosa. Tenemos la tendencia a poner muchas excusas que van desde la pereza hasta una mala administración del tiempo, pero examínate y quizá descubras ciertos temores que, si se eliminan, pueden dejarte en libertad para que comiences a actuar.

«Si algo salía mal, les dije que les comunicaran a mis padres y a los niños que los amaba», dijo David Page después del incidente. En septiembre del 2004, este británico pasó cuatro horas enfrentando lo que creyó que iba a ser una muerte inminente. Todo comenzó cuando levantó un trozo de metal oxidado mientras trabajaba en un jardín de Norfolk en la región oriental de Inglaterra. Al ver la forma cilíndrica que tenía, de repente se dio cuenta de que se parecía muchísimo a algo que en ocasiones todavía se encuentra en Inglaterra: municiones que no han explotado. No todas las bombas que se arrojaron sobre la nación durante la Segunda Guerra Mundial estallaron. De vez en cuando, un niño, un granjero o un hombre que trabaja en un jardín encuentran una bomba que no ha estallado. Las autoridades se ocuparon con mucha seriedad del asunto porque era un verdadero peligro.

Page llamó por su teléfono móvil al servicio de emergencia y de inmediato llegaron al lugar el personal de policía, los bomberos y una ambulancia. Mientras la operadora lo mantenía en línea, el hombre aterrorizado le dijo que tenía miedo de que el artefacto detonara si lo apoyaba en el suelo. «[Ella] seguía repitiendo que todo iba a salir bien, pero yo continuaba diciéndole: "Usted no es la que tiene la bomba en la mano"», les contó más tarde a los reporteros.

> No tengas temor de dar un gran paso. No puedes cruzar un abismo dando dos saltos cortos.
> **David Lloyd George**

Horas después, las brigadas de emergencia pudieron examinar el artefacto y descubrieron que acababan de «rescatar» al obrero de una pieza perteneciente a un viejo automóvil.[6]

El miedo de David Page era auténtico, pero en realidad no existía ningún riesgo. Cuando al fin examinaron lo que había encontrado, se demostró que era inofensivo. Asimismo, si el desastre al que tanto le temes se examina de manera racional, tal vez se pueda evitar.

¿Puedes mencionar algún temor que te haya paralizado? A esta altura es probable que ya sepas que tienes que vencerlo... o él te vencerá a ti. El primer paso es examinar o expresar tu miedo, decirlo en voz alta, escribirlo, ponerlo de manifiesto.

Entonces debes desafiar ese temor. Hazte estas preguntas: ¿Es racional... o irracional? ¿Es productivo... o destructivo? ¿En qué áreas de la vida se presenta con más frecuencia: en la profesión, las relaciones interpersonales, la crianza de los hijos, los proyectos familiares? Una forma muy beneficiosa de examinar un miedo de una manera lógica es hablar del tema con un amigo de confianza y pedirle que te ayude a superarlo.

¿Por qué es necesario hacerlo? Porque lo alarmante se debilita a la luz de una investigación racional. Casi todos los miedos se desvanecen cuando dejan de estar en la oscuridad. Y a menudo, el solo hecho de mencionar y enfrentar tus miedos te da el poder para vencerlos. Aun cuando pueda sonar demasiado sencillo, vas a observar que se produce algo milagroso cuando expreses tus temores y los pongas de manifiesto a plena luz del día. Te sentirás menos atemorizado, e incluso liberado, como si te hubieras quitado un peso de encima.

> No malgastes la preocupación. Si te vas a preocupar, hazlo bien. Utiliza bien esa energía y enfócala a fin de hallar una respuesta. No te olvides: nada aplaca la ansiedad con mayor rapidez que la acción.
> **Walter Anderson**

Si tienes la costumbre de reaccionar ante el temor sin pensar de veras en el asunto, tendrás que hacer esto más de una vez... y tal vez con distintos temores. No obstante, cada vez que menciones un temor y desafíes su lógica o utilidad, ese temor se debilitará, y establecerás el nuevo hábito de confrontar —en vez de reaccionar— al temor.

2. Elabora una lista de metas... incluyendo algunas «imposibles»

Este es un buen segundo paso, porque a menudo las metas nuevas surgen después de quitar el obstáculo del temor. Ahora bien, casi puedo oír que te quejas ante la idea de tener que escribir tus metas o tus sueños. Después de todo, tal vez digas: «Estamos hablando de ponerse en acción y no de escribir un diario personal». Está bien, lo entiendo, pero dame una oportunidad y permíteme ver si puedo convencerte del valor que tiene esta práctica.

Era el año 1966, Lou Holtz tenía veintiocho años y estaba sin trabajo ni dinero en el banco. No solo eso, sino que su esposa, Beth, tenía ocho meses de embarazo esperando el tercer hijo. Ella le dio un libro que pensó que le iba a levantar el ánimo. Se titulaba *The Magic of Thinking Big* [La magia de pensar en grande] de David J. Schwartz. «Hay tantas personas, y soy una de ellas», declara Holtz, «que no hacen nada especial con sus vidas. El libro dice que deberías escribir todas las metas que desearas alcanzar antes de morir».

Holtz tomó muy en serio la sugerencia del autor, así que, sentado frente a la mesa de la cocina, el entrenador deportivo de veintiocho años hizo una lista de ciento siete metas que, en ese momento, parecían ridículas: desde almorzar en la Casa Blanca hasta aparecer en el programa televisivo *The Tonight Show*; desde conocer al Papa hasta ganar un campeonato nacional. Incluso escribió hacer hoyo en un solo golpe y saltar de un avión.

> Si tu vida te resulta aburrida es porque no tienes suficientes metas.
> **Lou Holtz**

Según lo relatado por Henriette Anne Klauser en su libro *Write It Down, Make It Happen* [Escríbelo y haz que suceda], Lou Holtz ha logrado ochenta y una de esas ciento siete metas. Conoció al Papa y apareció en el programa de Johnny Carson, tiene fotografías del almuerzo con el presidente Ronald Reagan en la Casa Blanca... ¡y no solo hizo hoyo en un solo golpe una vez, sino en dos ocasiones!

¿Crees que Lou Holtz habría alcanzado esas metas si no las hubiese escrito? Lo dudo. La escritora relata en el libro una historia verídica tras otra de personas que llevaron a cabo proezas asombrosas después de haber puesto por escrito sus sueños y aspiraciones. Ella dice que cuando alguien escribe su sueño, es «como colgar un cartel que dice: "Abierto para negocio"».[7]

Me encanta la historia verídica de Jim Carrey, quien llegó a Hollywood como un desconocido aspirante a comediante y emitió un cheque a su nombre por diez millones de dólares. En el espacio para anotar el detalle de los gastos, escribió: «Por prestación de servicios». Durante años llevó el cheque consigo e imaginaba el día en que recibiera uno de verdad. Por supuesto que en la actualidad es uno de los comediantes mejor pagados de Hollywood al cobrar veinte millones de dólares por película.

> Un barco en puerto está seguro, pero los barcos no se construyen para eso.
> **Filántropo John Shedd**

Por lo tanto, este es el desafío que te propongo. Aunque no creas en esta práctica, me gustaría que elaboraras tu propia lista de metas, aspiraciones y sueños. Por ahora no pienses hasta qué punto son prácticas y realistas, y escribe incluso aquellas ambiciones que parecen estar más allá de tu alcance. Hazlo rápido y no te detengas en cada punto. Simplemente pon tu menta a funcionar y piensa en grande. Richard Bolles dice: «Una de las frases más tristes del mundo es: "Vamos, sé realista"». Estoy de acuerdo. No te preocupes por ser realista mientras escribas, solo escribe.

3. Calcula el precio

Cuando me decidí a completar el doctorado sin importar lo inmensa que parecía la tarea, también adquirí la motivación necesaria para completar otras tareas. Por ejemplo, cada vez que escribo un libro nuevo, tengo que motivarme a mí mismo y perseverar a fin de alcanzar el objetivo. Creo con firmeza que el pegarme a la silla una vez hizo que me resultara más fácil hacerlo de nuevo. Sin embargo, escribir un libro, al igual que muchos otros logros, nunca ha sido fácil. En realidad, creo que todo lo que vale la pena realizar resulta difícil llevarlo a cabo. Me pregunto si habrá muchas personas que se preocupan ante la perspectiva de realizar tareas abrumadoras porque cometen el error de pensar que esas tareas *deberían* resultar fáciles de concretar. Como si existiese la posibilidad de que ellas simplemente «no tienen suerte» y todos los demás pueden lograr grandes cosas con poco o ningún esfuerzo.

> Las ideas sin acción carecen de valor.
> **Harvey Mackay**

Calcular el costo no es algo natural, en especial cuando recién comienzas y tienes un gran entusiasmo. Es fácil dejar a un lado lo que va a costar y enfocarse en la recompensa, pero se supone que ambas cosas se deben evaluar juntas. Deberíamos tomar la determinación de comenzar a actuar para alcanzar nuestras metas *no* porque no se vayan a presentar dificultades, sino porque las recompensas hacen que valga la pena enfrentarlas.

4. Apunta hacia la línea de llegada... pero avanza un paso a la vez

Observo a muchísimas personas con metas importantes que se desaniman en el camino porque centran la mirada en lo lejos que está la línea de llegada. En lugar de medir el progreso en función de los indicadores de distancia que se encuentran a lo largo del sendero, lo único que ven es el gran recorrido que tienen que cubrir para lograr su meta principal. No decaigas por este motivo. Lo que tienes que hacer es dividir toda meta significativa en pasos realizables. Está bien mantener presente el importante resultado final, y en realidad, es imperativo hacerlo. Sin embargo, no permitas que el gran objetivo te impida ver los pequeños logros que te llevarán a alcanzarlo.

> Nuestro problema no es la falta de conocimiento, es la falta de acción.
> **Mark Hatfield**

El temor también puede ser un factor a tener en cuenta en este caso. Si nunca aprendiste a dividir una tarea en pasos más pequeños, es muy fácil que la labor a gran escala parezca ser algo abrumadora y atemorizante. No sé exactamente cómo hizo Lou Holtz para pasar de estar sentado a la mesa de su cocina y desempleado, a compartir un almuerzo en la Casa Blanca con un presidente, pero *sí puedo* decirte que no se produjo dando un solo paso grande. Suele suceder que aquello que parece imposible cuando se lo observa en su totalidad, resulta mucho más factible de concretar cuando se lo divide en partes.

5. Llega al punto donde no hay vuelta atrás

Sé que acabo de decir que el éxito raras veces se logra con un solo paso grande, pero el primer paso *sí* suele ser el más importante, y eso se debe a que representa un compromiso total.

Imagina que te encuentras en la sala de mando de un avión antes del despegue. Durante los últimos minutos escuchaste que el piloto y el comandante principal verificaban una extensa lista de condiciones previas al despegue. Ahora el avión comienza a acelerar a lo largo de la pista. Justo antes de que las ruedas se separen del piso, uno de los ellos exclama: «V_1». Si no eres piloto, es probable que este acrónimo no signifique nada para ti, pero en el lenguaje aeronáutico se refiere a la velocidad necesaria para levantar el vuelo. Antes de que el avión alcance esa velocidad en la pista, los pilotos todavía pueden decidir abortar el despegue en caso de emergencia. Una vez que la nave alcanza V^1, *debe* despegar o se corre el riesgo de que se produzca un desastre. Cualquier emergencia se tendrá que resolver en el aire.

Toda persona emprendedora entiende el valor de un compromiso V^1. En cada aventura que inicies, debes verificar tu propia lista de requisitos. Y una vez que hayas pensado en eso, orado por eso, hablado de eso, escrito sobre eso, etc., deberás comprometerte a hacer algo al respecto. Cuando un aspirante a empresario notifica en su trabajo que se va a retirar, se ha comprometido a marcharse en la fecha señalada. Cuando una alumna solicita ingresar a la escuela Ivy League [grupo de universidades renombradas del noreste de los Estados Unidos de América], algo ha hecho para cumplir con sus intenciones. Cuando una pareja acepta el ofrecimiento de alguien que les quiere comprar la casa, significa que se están comprometiendo a mudarse.

> Un viaje de mil millas comienza dando un paso inicial.
>
> **Confucio**

Toda meta digna de ser alcanzada tiene por lo menos un paso del que no se puede volver atrás. Si no estás dispuesto a dar ese gran paso, a lanzarte a lo desconocido, por así decirlo, entonces nunca te comprometerás en verdad con el proceso. Y cuando uno se deja vencer por la preocupación, es mucho más fácil desviarse del camino.

6. Aprende y perfecciona

En nuestra cultura, el término fracaso es una mala palabra. Cuando fracasan nuestros intentos, por lo general no le echamos la culpa solamente a nuestras decisiones y acciones. En lugar de eso, nos definimos a nosotros mismos como fracasados, creando por asociación una especie de sentimiento de culpabilidad. Es como si la mancha del fracaso penetrara en lo profundo de nuestro ser y modificara nuestra esencia. Entonces causa dolor y angustia y parece no haber manera de superarlo. Si este es el concepto que tienes del fracaso, entonces tiene sentido evitarlo a toda costa.

No obstante, puede resultar sorprendente escuchar que las personas en verdad exitosas que están dispuestas a hacer «lo que sea necesario», no solo han fracasado sino que en realidad manejan bien el fracaso. En cierto modo, estas personas «calculan el precio» del fracaso, esperan que se produzca y lo consideran parte de sus planes. Según la definición que ellos dan, el fracaso es un paso necesario para el crecimiento. Por lo tanto, aceptan el tropiezo porque saben que pueden aprender de él y así tener más posibilidades de triunfar en el próximo intento.

Dentro del ámbito deportivo hay grandes ejemplos. Uno no se

convierte en profesional en una disciplina de ese campo si permite que una pérdida o un fracaso lo definan. En cambio, los mejores atletas buscan qué pueden aprender a partir de esa pérdida y luego perfeccionan sus acciones. («Está bien, ahora sé cómo *no debo* interceptar a ese defensor».)

En su libro *Now Discover Your Strengths* [Descubra ahora tus virtudes], Marcus Buckingham y Donald O. Clifton escriben: «En realidad, ¿qué es lo peor que puede suceder? Identificar un talento que posees, cultivarlo hasta transformarlo en una virtud, y fracasar en el cumplimiento de tus expectativas. Sí, es doloroso, pero eso no debe socavar por completo tus fuerzas. Es una oportunidad de aprender e incorporar dicho aprendizaje a tu próximo desempeño, y al que le sigue también».[8] Esta sí que es una gran perspectiva. Aceptar la posibilidad de fracasar puede darte libertad para que dejes de preocuparte. Entonces el fracaso deja de ser un desastre que hay que evitar y se convierte en una oportunidad de mejorar.

No importa cuánto te empeñes en lograr el éxito, si tus pensamientos están saturados de temor al fracaso, ese sentir destruirá tus esfuerzos, neutralizará tus emprendimientos y hará que el éxito te resulte imposible.
Baudjuin

7. Da lugar a la serendipia

Una vez que te dediques a alcanzar esa meta, tal vez observes que sucede algo extraño. Ahora bien, yo no soy ningún místico. La gente que me conoce bien puede dar fe de que soy un hombre práctico, pero lo que estoy a punto de decirte quizá te haga pensar de otro modo.

Aquí va. Cuando una persona dedica el tiempo para escribir su lista de sueños inalcanzables, no solo activa algo en su cerebro... sino también en el cosmos. No estoy hablando de la necedad de los «fenómenos psíquicos», estoy más inclinado a pensar en ese hecho como una «intervención divina», cosa que está muy bien documentada. Permíteme explicártelo.

En una ocasión, mi gran amigo John Maxwell me contó acerca de una meta «inalcanzable» que tuvo cuando era un joven pastor en Ohio. El éxito de su iglesia, que luego se convirtió en la de mayor crecimiento de la región, requería que dispusieran de un millón de dólares para ampliar el edificio donde se congregaban. La tarea parecía imposible. Antes de que el banco le otorgara un préstamo, necesitaba reunir trescientos mil dólares entre los miembros de la congregación. Lo máximo que había podido recaudar antes para un proyecto eran veinticinco mil dólares, y con tan solo veintinueve años de edad, no tenía experiencia para emprender un programa edilicio importante. Estaba enfrentando algo imposible, pero puso en práctica el proceso que he mencionado en este libro.

«Escribí cuál era la meta», me contó, «y después de orar mucho tomé la decisión de lanzarme a concretarla». Después sacó del bolsillo una tarjeta plastificada que era evidente tenía desde hacía años. «Llevé esta tarjeta conmigo todos los días durante dieciocho meses», me siguió contando, «la leía todos los días y me ayudó a mantenerme enfocado hasta que concretamos la meta... y a propósito, mucho más rápido de lo que nos hubiésemos imaginado nunca». En la tarjeta estaban escritas las siguientes palabras de William H. Murray:

> Estoy cansado de la gente razonable; ven todas las razones para no hacer nada.
> **George Bernard Shaw**

En el momento en que uno definitivamente
se consagra, la Providencia también se moviliza.

Suceden toda clase de cosas que ayudan a que se produzca lo que jamás habría sucedido de otra manera. A partir de esa decisión surge un caudal completo de acontecimientos que genera a favor de la persona toda clase de incidentes, encuentros y colaboración material imprevistos que nadie habría soñado nunca que se le presentarían.

¿Experimentaste esto alguna vez? Una vez que tomas la decisión de abandonar tu zona de confort, cruzar la línea de salida y consagrarte a algo más grande de lo que crees que puedes lograr, la Providencia comienza a movilizarse. Empiezas a observar que se cumple la ley de la serendipia, un fenómeno en el que lo imposible se torna posible sin ninguna razón admisible.

Piensa en Alexander Fleming, el científico que descubrió las propiedades antibacterianas del hongo de la penicilina cuando este creció alrededor de un viejo caldo de cultivo que había dejado de lado durante unas vacaciones. Si Fleming hubiese tapado su antiguo experimento, si lo hubiese colocado en una cálida incubadora, si su laboratorio no hubiese estado ubicado en el piso superior de un laboratorio de micología y si Londres no hubiese tenido una temporada de frío que permitió que el hongo proliferara, él habría regresado y tirado el caldo de cultivo a la basura mientras limpiaba. En la edición del año 2005 de la revista *Time*, dedicada a las cien personas más influyentes del mundo, se dijo lo siguiente acerca de Fleming: «Una espora que llevada por el viento llegó a su laboratorio y se posó en un caldo de cultivo dio inicio a una sucesión de acontecimientos que transformaron para siempre el tratamiento de las infecciones bacterianas».[9] Fleming había investigado durante años las propiedades antibacterianas de las sustancias comunes, por lo tanto, tenía la experiencia necesaria para reconocer lo que acaba de ver. Aun así, no se pueden negar las circunstancias serendípicas.

La ley de la serendipia se ha manifestado en mi propia vida. Hace un año escribí una de mis metas: producir una serie de DVDs para capacitar parejas en la tarea de mentores matrimoniales. No solo se produjeron varios encuentros serendípicos que pusieron la idea rápidamente en acción, sino que a las tres semanas de haberla escrito en un papel, estaba sentado en un avión al lado de una persona desconocida por completo que me preguntó acerca de mi trabajo. Cuando le conté sobre este proyecto en particular, ¡se comprometió a ayudar a financiarlo! Una semana después, un encuentro ocasional con un productor de televisión nos llevó a recibir el ofrecimiento de un horario para grabar en un estudio de última generación. Durante los días subsiguientes recibí varios correos electrónicos inesperados de parejas que terminaron convirtiéndose en perfectos participantes para las entrevistas que queríamos filmar en el vídeo. Jamás soñé que el proyecto se iba a

> Conságrate a concretar un sueño ... Nadie que intente hacer algo grande y no lo logra es una fracaso total. ¿Por qué? Porque puede descansar tranquilo de que triunfó en la batalla más importante de la vida... venció el miedo a intentarlo.
> **Robert Schuller**

materializar de la manera en que lo hizo, y jamás se habría concretado si varias serendipias imprevistas no hubiesen ocurrido con tanta rapidez.

Dicho con claridad, la ley de la serendipia es tener la experiencia de que dos o más cosas suceden coincidentemente y de una determinada manera que es significativa para la persona que las experimenta. Se diferencia de la coincidencia en que la serendipia no implica simplemente una casualidad, sino que sigue un patrón intencional subyacente.

> Aunque te encuentres en el sendero correcto, te pasarán por encima si te quedas sentado donde estás.
>
> **Will Rogers**

Cuando apliques esto a tu lista de sueños y metas inalcanzables, pronto descubrirás que ciertas conexiones inverosímiles comenzarán a producirse poco después de que te consagres a concretar uno de ellos. Te vas a encontrar con alguien que puede abrirte una puerta en particular, o tal vez descubras que una llamada telefónica que le haces a alguien llega en el «momento preciso». Y también observarás que cuanto más consagrado estés a concretar ese sueño y más dispuesto te muestres a dar un paso de fe, más habituales se tornarán esas serendipias asombrosas.

Se requieren tres segundos para dejar de dar vueltas y comenzar a actuar

En lo profundo de tu ser sabes que si quieres cambiar, crecer y convertirte en la persona que deseas ser, necesitas comenzar a actuar. No obstante, este primer paso puede parecer muy desalentador. Hace poco, después de dar una clase en la universidad sobre el tema de este capítulo, uno de mis alumnos me preguntó si yo era un «trekkie».

—¿Un qué?

—Un seguidor apasionado de *Star Trek* [Viaje a las estrellas].

Tuve que confesarle que jamás había visto ni un solo episodio de la serie televisiva ni ninguna de las películas. Se sintió decepcionado pero me dijo que me agradaría Jean-Luc Picard, el capitán de la nave de *Viaje a las estrellas: La próxima generación*.

—¿Por qué? —le pregunté.

—Porque tiene una expresión favorita que resume el concepto del que usted hablaba en la clase. Cada vez que le ordena a la tripulación que entre en acción, dice: «Materialícenlo».

Ahora bien, tal vez yo no sea un trekkie, pero me gusta la frase porque es el sentir de toda persona emprendedora que aprendió a dejar de dar vueltas y comenzar a actuar. Venció el primer impulso que lo llevaba a inquietarse y alarmarse y se dedicó a «materializarlo».

No conozco tu vida, pero estoy seguro de que tienes suficientes razones legítimas para quejarte y protestar. Tal vez tengas un millón de razones que te impiden ponerte en acción, pero ninguna puede ser tan importante como las recompensas que te proporciona el éxito. Es probable que dentro de un mes o un año o cinco años te lamentes de una sola cosa: no haber comenzado en este momento. Y todo gira alrededor de los tres segundos que se requieren para tomar esa decisión.

Así que, ahora tengo que preguntarte: ¿Estás listo? Puedes tomar la decisión en este preciso instante de resistir el impulso de decir «algún día», y en lugar de eso, ser capaz de materializarlo... comenzando hoy mismo.

Preguntas para la reflexión personal

1. Leíste sobre mi experiencia como alumno graduado de «ABD» que había completado todo menos mi tesis. Menciona un aspecto de tu vida que sea «ABD»... algo que te preocupa pero que nunca te decides a concretar.

2. En una escala de 1 (un poco) a 10 (mucho), ¿qué valor le darías a tu inclinación natural a ceder ante el impulso de «preocuparte» en vez de «actuar»? ¿Por qué le das ese puntaje?

3. ¿Ante qué temores cedes cuando sigues el primer impulso... de preocuparte? Escribe todos los que te vengan a la mente y luego responde estas dos preguntas acerca de cada temor: ¿Es lógico? ¿Es útil?

4. ¿Cuál es la meta más «inalcanzable» que tienes? Haz una lista con dos columnas: una titulada «recompensa» y la otra «precio». Dedica un tiempo para enumerar todas las recompensas y todos los costos vinculados con perseguir esa meta. ¿Vale la pena intentarlo? ¿Por qué sí o por qué no?

5. El capítulo habla acerca de alcanzar el punto donde no hay posibilidad de retorno, ese primer gran paso en el trayecto hacia la línea de llegada. ¿Cuál te parece que será el punto donde no hay vuelta atrás con respecto a la meta que estás considerando hoy?

Cómo convertir el segundo impulso en tu segunda naturaleza

Salta, y aparecerá la red.

Julie Cameron

A James Bryant Conant —miembro importante del Proyecto Manhattan (el equipo que creó la bomba atómica), así como también presidente de Harvard y embajador de los Estados Unidos de América en Alemania después de la Segunda Guerra Mundial— le gustaba decir: «Observen a la tortuga. Solo progresa cuando se arriesga a sacar el cuello». Conant fue pionero en la incorporación de nuevas ideas y prácticas en las organizaciones de las que formó parte, y creía que el progreso personal y profesional siempre involucraba una pequeña porción de riesgo.

Estoy de acuerdo, y me imagino que tú también. Sin embargo, tengo que ser honesto con respecto a un temor que he arrastrado conmigo mientras escribía cada uno de los capítulos de este libro. Mi temor es que estudies «los seis impulsos que nunca dan resultados», que te dediques a aprovechar esos tres segundos de tiempo que te llevan a hacer «lo que sea necesario»... pero que solo lo pongas en práctica cuando resulte fácil. En otras palabras, temo que te arriesgues sacar el cuello solamente cuando no se requiera mucho esfuerzo. Después de todo, el segundo impulso (el de descartar tu incapacidad, asumir un desafío, etc.) puede en ocasiones surgir de manera relativamente fácil en la gente decente. No obstante, cuando la situación se torne difícil, temo que permitas que ese segundo impulso se desvanezca con rapidez.

Por ejemplo...

- Temo que cuando te sientas particularmente incapaz, cedas a ese impulso encogiendo los hombros y diciendo: «No hay nada que pueda hacer con respecto a esto».

- Temo que, cuando enfrentes un desafío particularmente grande, te rindas ante tu primer impulso diciendo: «Es demasiado difícil para siquiera intentarlo».

- Aunque sientas deseos de avivar la pasión que hay en ti, temo que aun así, dejes de lado la visión y des paso a un impulso que dice: «Haré simplemente lo que se me cruce en el camino».

- Temo que cuando tengas la oportunidad de recorrer la segunda milla, ya sea en el trabajo o en tu casa, te distraigas o te canses demasiado como para resistir el impulso de decir: «Hizo lo que se suponía y eso es suficiente».

- Y por último, temo que cuando se trate de dejar de preocuparte para entrar en acción, te rindas siempre al impulso que dice: «Algún día lo voy a hacer, pero ahora no».

Cada uno de estos impulsos es un autosabotaje y no elevan tu vida en absoluto. En cierto sentido son una forma engreída de decirle «lo que sea» a la vida. No obstante, día tras día muchos ceden ante ellos una y otra vez... a pesar de los resultados perjudiciales que producen.

> Si a un hábito no se le presenta resistencia, al poco tiempo se convierte en una necesidad.
> **San Agustín**

Entonces, en tu caso personal, ¿mis temores tienen fundamento? Después de leer este libro, ¿existe aún la probabilidad de que adoptes la actitud de hacer simplemente «lo que sea» y no llegues a disfrutar lo que podría ser tu vida? Tal vez no. Después de todo, aquí estás leyendo el capítulo concluyente. No habrías llegado hasta este punto si no tomaras en serio esta práctica. Pero permíteme recordarte que el solo hecho de leer el libro no garantiza resultados positivos. Es necesario que pongas en práctica cada uno de los principios que estudiaste, aun cuando te resulte difícil. Y allí es donde temo que cedas ante el primer impulso.

Seamos honestos, un cambio (profundo y permanente) siempre es riesgoso. La prueba verdadera de que has resistido estos seis impulsos se observa en tu capacidad de permitir que tus segundos impulsos se manifiesten cuando casi todo lo que hay en tu interior se resiste. Cuando tu primer impulso se mantenga firme y permanezca mucho más de lo que deseas, vas a tener que detenerte y revertir la dirección en que avanzas. Vas a tener que asumir un riesgo.

Una actividad riesgosa

Siempre resulta complicado remontarse al origen de un término, en especial cuando forma parte del argot popular; pero es necesario que haga referencia al uso de la frase «lo que sea». ¿Cuándo comenzó la gente a emplear esta expresión para transmitir una actitud de falta de interés?

En estos días se escucha todo el tiempo. Por ejemplo: «Él cree que es culpa mía, pero para mí, que piense "lo que sea"». O quizá lo escuches como parte de una conversación poco seria donde una persona dice: «Que ni se les ocurra que voy a defender esa posición», y la otra simplemente responde: «Diles "lo que sea"». Y a veces también la decimos de manera despreciativa como para terminar una conversación sin sentido con alguien que no entra en razón: «Haz "lo que sea"».

Todo se relaciona con la actitud y transmite una falta total de interés o preocupación. Es irónica, desdeñosa y falsa, y cuando va acompañada de un gesto con la cabeza y las cejas levantadas, se torna claramente despreciativa.

Investigué un poco sobre el origen de la frase y todo lo que puedo decir es que se usó por primera vez con esta connotación en la película *Contacto en Francia*, un drama policial del año 1971 protagonizado por Gene Hackman, que hacía del detective Jimmy «Popeye» Doyle.

En realidad no importa si la investigación que realicé sobre sus orígenes es cierta o no, pero la frase resume de manera concisa la actitud popular de apatía. Ahora bien, sé que no estarías leyendo estas palabras si te contentaras con vivir una vida apática caracterizada por simplemente «lo que sea». Estoy seguro de que deseas ir más allá de los seis «primeros impulsos» que expuse en este libro. No obstante, quiero recordarte que solo lo harás de manera eficaz si te arriesgas a sacar el cuello. Es probable que a esta altura no tenga que decirte que el segundo impulso es en verdad riesgoso.

Piensa en esto...

- Cuando descartas tu incapacidad, te arriesgas a ser responsable.
- Cuando asumes un desafío, corres el riesgo de desanimarte.
- Cuando avivas la pasión que hay en ti, arriesgas la comodidad de lo ya conocido.
- Cuando admites tu parte, corres el riesgo de acarrear la culpa.
- Cuando recorres la segunda milla, corres el riesgo de quedar exhausto.
- Cuando dejas de preocuparte y comienzas a actuar, te arriesgas a fracasar.

Ninguno de estos seis impulsos secundarios se puede obtener sin arriesgarse a sacar el cuello. Sin embargo, es al correr ese riesgo que se logra el progreso personal. Tal como dijo alguien, el mayor riesgo es ir por el sendero de lo demasiado seguro. Cada vez que sales de la seguridad de tu caparazón y traspasas la protección de tu primer impulso, más te acercas a llevar a cabo «lo que sea necesario».

Cómo convertir el segundo impulso en un hábito

«Cada persona nace con dos series de instrucciones contradictorias», dice Mihaly Csikszentmihalyi, «una tendencia conservadora, constituida por instintos de supervivencia, grandeza personal y ahorro de energía, y otra expansiva formada por instintos de búsqueda, de disfrutar lo novedoso y asumir riesgos». ¿Estás de acuerdo con esto? Ya sabes que yo sí. Aun más, concuerdo especialmente con Csikszentmihalyi cuando dice: «Si bien la primera tendencia requiere muy poco estímulo o respaldo exterior para motivarnos, la segunda puede debilitarse si no se cultiva».

En lo que respecta a las seis áreas que consideramos en este libro, debemos cultivar el segundo impulso si deseamos ser eficaces. Esto quiere decir que tenemos que poner en práctica cada uno de estos impulsos hasta que se conviertan, en un sentido bastante literal, en nuestra segunda naturaleza.

La eficacia es un hábito y se desarrolla con la práctica, tal como sucede con los mecánicos que trabajan en la zona de detención en la carrera de las 500 millas de Indianápolis que toman las decisiones «antes de que comience la carrera» y practican simulacros. Y, a propósito, quiero mencionar que los ejercicios siempre se pueden aprender. Tal como dijo el gran especialista en administración Peter Drucker: «Al parecer, la práctica de un ejercicio es algo sencillo; aun un niño de siete años no tiene dificultad para entenderla. No obstante, siempre resulta en extremo complicado realizarla bien. Hay que adquirirla». Pregúntale a un profesor de piano que le esté enseñando las escalas a un alumno, o a cualquier estudiante que esté aprendiendo a multiplicar. Hay que repetir hasta el cansancio que «6 x 6 = 36» para que se convierta en un reflejo condicionado que no requiera pensar. Así es como una práctica se convierte en un hábito firmemente arraigado, y según Drucker: «Las prácticas se aprenden practicándolas y practicándolas y volviéndolas a practicar».[1]

Justo del mismo modo en que puedes aprender a ejecutar escalas en el piano, también puedes aprender a descartar por instinto tu incapacidad, asumir un desafío, y todo lo demás. Puedes adquirir habilidad en cualquier práctica en la que estés dispuesto a trabajar. Así que, esto es lo que te sugiero: Repasa el contenido de este libro e identifica cuál de los seis impulsos tienes más deseos de modificar. ¿Qué práctica de las que se mencionan querrías perfeccionar? Quizá te sientas atraído en especial por la idea de avivar tu pasión, o tal vez prefieras recorrer la segunda milla. Marca con un círculo el punto que elijas, y luego, entre los

> Lo que se necesita para la efectividad es competencia. Lo que se necesita son «las escalas».
> **Peter Drucker**

cinco restantes, identifica el segundo impulso que te gustaría más ejercitar y también señálalo.

Esta es la tarea que tienes que cumplir: concéntrate en estos dos impulsos secundarios, practícalos y vuelve a practicarlos. No es necesario descuidar los otro cuatro, pero préstales especial atención a estos dos. Comienza con cosas pequeñas, con riesgos pequeños; no esperes lograr la perfección. Tal vez no seas capaz de resistir siempre la presión del primer impulso, pero sigue practicando. El estudiante de piano mejora de manera progresiva. En la medida que continúes arriesgándote y procurando actuar bajo el segundo impulso, vas a ir creciendo. Quizá te lleve un tiempo, pero los segundos impulsos pueden convertirse en la segunda naturaleza.

«A toda práctica se aplica lo que mi antigua profesora de piano me dijo enojada cuando yo era jovencito», expresa Drucker, «"Nunca vas a ejecutar una pieza de Mozart de la forma que lo hace Arthur Schnabel, pero no hay ninguna razón en el mundo por la cual no debas tocar las escalas como lo hace él"». Drucker agregó: «Lo que la profesora de piano se olvidó de decir (quizá porque para ella era muy obvio) es que incluso los grandes pianistas no podrían ejecutar piezas de Mozart del modo que lo hacen a menos que practiquen las escalas y continúen practicándolas».

Así que, recuerda esto

Un impulso no es nada más que un instinto repentino que te induce a actuar o sentir; es una tendencia repentina y sin premeditación. Por esta razón, cuando se trata de los «seis impulsos que nunca dan resultado», es necesario esperar un segundo —o tres— antes de darles cabida. Debemos tomar una decisión anticipada para elegir un sendero más elevado y cumplir los tres segundos que pueden aprovechar o desperdiciar cualquier situación, cuando surgen estos impulsos.

Es necesario que te esfuerces para responder al segundo impulso que te permitirá...

- Fortalecerte... diciendo: «No podré hacerlo todo, pero sí puedo hacer algo».

- Asumir un buen desafío... diciendo: «Estoy dispuesto a esforzarme e intentarlo con seriedad».
- Avivar tu pasión... diciendo: «Haré aquello para lo cual fui concebido».
- Admitir tu parte... diciendo: «La responsabilidad es mía».
- Recorrer la segunda milla... diciendo: «Voy a ir más allá de lo mínimo indispensable».
- Dejar de preocuparte y comenzar a actuar... diciendo: «Me lanzo de lleno... hoy mismo».

Estos son los impulsos que nos fortifican o nos destruyen. Este es el poder que proporciona el pensar dos veces. Tan solo tres segundos separan a aquellos que «dan todo de sí» de los que «ni siquiera lo piensan». Este breve lapso mediador es todo lo que se halla entre la actitud de conformarse con «lo que sea»... y la actitud de no conformarse con nada menos que todo «lo que sea necesario».

Notas

Introducción: El poder de pensar dos veces

1. J. Kruger, D. Wirtz y D. T. Miller, *Counterfactual Thinking and the First Instinct Fallacy* [Pensamiento contrario a los hechos y la falacia del primer instinto], *Journal of Personality and Social Psychology*, mayo del 2005.

2. C. Robert Cloninger, *Feeling Good: The Science of Well-Being* [Sentirse bien: La ciencia del bienestar], Oxford University Press, Oxford, 2004.

Capítulo 1: Se requieren tres segundos para... fortalecerte

1. Martin E. P. Seligman, *Helplessness: On Depression, Development, and Death* [Ineficacia: Sobre la depresión, el desarrollo y la muerte], Freeman, San Francisco, 1975. Ver también S. F. Maier y Martin E. P. Seligman, «Learned Helplessness: Theory and Evidence» [Indefensión aprendida: teoría y pruebas], *Journal of Experimental Psychology*, General 105, 1976, pp. 3-46.

2. R. Schwarzer, ed., *Self-Efficacy: Thought Control of Action* [Autoeficacia: Acción controlada por el pensamiento], Hemisphere, Washington, D.C., 1992.

3. *Band of Brothers* [Banda de hermanos], dirigida por Tom Hanks y David Frankel, *Warner Bros. Home Video*, Burbank, California, 2001; basada en el libro de Stephen Ambrose.

4. Patricia Sellers, «What Customers Really Want» [Qué quieren realmente los clientes], *Fortune*, 4 de junio de 1990, p. 33.

5. E. Giltay, «Dispositional Optimism and All-Cause and Cardiovascular Mortality in a Prospective Cohort of Elderly Dutch Men and Women» [Disposición al optimismo y mortalidad causada por todo tipo de agentes y por

afecciones cardiovasculares en un grupo de hombres y mujeres holandeses ancianos], *Archives of General Psychiatry* 61, noviembre del 2004, pp. 1126-35.

6. Daniel Goleman, *Inteligencia emocional*, Bantam, New York, 1995.

Capítulo 2: Se requieren tres segundos para... asumir un buen desafío

1. Chris Peterson, *Optimism and By-pass Surgery* [Optimismo y cirugía de by-pass], en *Learned Helplessness: A Theory for the Age of Personal Control* [Ineficacia aprendida: Una teoría para la edad del control personal], Oxford University Press, New York, 1993.

2. Gary Richmond, *It's a Jungle Out There* [Es una jungla ahí afuera], *Men of Integrity*, 15 de diciembre del 2004.

3. John Byrne, *Celebrating the Extraordinary* [Celebrando lo extraordinario], *Fast Company*, enero del 2005, p. 14.

4. *Música del Corazón*, escrita por Pamela Gray, dirigida por Wes Craven, Miramax, New York, 1999.

Capítulo 3: Se requieren tres segundos para... avivar tu pasión

1. Proverbios 29:18, NVI.

2 Randy Bishop, *From Wall Street to the Streets* [De Wall Street a las calles], *Christian Reader*, septiembre/octubre del 2001, p. 69.

3. Nancy Gibbs, *Persons of the Year* [Personajes del año], *Time*, diciembre del 2005.

4. Josh Tyrangiel, *The Constant Charmer* [El encantador continuo], *Time*, diciembre del 2005.

5. Informe 2006 de UNAIDS, www.unaids.org.

6. Harvey Meyer, *All Wheel Drive* [Vehículo de tracción a cuatro ruedas], *Delta SKY*, septiembre del 2006.

7. *Our Mission* [Nuestra misión], The Wheelchair Foundation, http://wheelchairfoundation.org/about_us/mission.php, consultado el 3 de noviembre del 2006.

Capítulo 4: Se requieren tres segundos para... admitir tu parte

1. Julie Deardorff, *Unwitting Marathon Runners Go Extra Mile* [Corredores de maratón corren involuntariamente otra milla], *Chicago Tribune*, 3 de junio del 2005.

2. Patricia Sellers, *What Customers Really Want* [Qué quieren realmente los clientes], *Fortune*, 4 de junio de 1990, p. 33.

Capítulo 5: Se requieren tres segundos para... recorrer la segunda milla

1. Mark Whitaker, «The Editor's Desk» [El escritorio del editor], *Newsweek*, 12 de agosto del 2002.

2. Denis Waitley, *Your Absolute Bottom Line* [Tu balance final], *Priorities*, citado en *Leadership Journal*, verano del 2003.

3. *Selfless Dying Boy, 9, Gets Climbing Wall Built* [Generoso niño de 9 años, al borde de la muerte, consigue que construyan un muro para escalar], *Courier Journal*, 12 de abril del 2004.

4. Carter LeCraw, *Does Righteousness Pay?* [¿La rectitud retribuye?], Thegoodsteward.com//article.php3?articleID=650, 27 de octubre de 1997, consultado el 17 de noviembre del 2006.

5. Steve Sample, *The Contrarian's Guide to Leadership* [Guía del opositor para el liderazgo], Jossey-Bass, San Francisco, 2002, p. 121.

Capítulo 6: Se requieren tres segundos para... dejar de dar vueltas y comenzar a actuar

1. L. Mitchell, *The Ultimate Grad School Survival Guide* [Guía final de la supervivencia de la escuela para graduados], Peterson's, Princeton, 1996.

2. Winter, www.starbuckseverywhere.net, consultado el 30 de noviembre del 2006.

3. Mac Montandon, *The Sage of Starbucks* [La Saga de Starbucks], actualizado el 29 de noviembre del 2006. *Radar Online*, www.radaronline.com/ features/2006/09/starbucks_jones.php, consultado el 30 de noviembre del 2006.

4. Ibid.

5. Michelle Griffin, actualizado el 5 de enero del 2006. *The Age*, www.theage.com.au, consultado el 30 de noviembre del 2006.

6. Robert Grove, *Bomb of a car has man worried* [Bomba de automóvil preocupa a un hombre], *Reuters*, Londres, 15 de septiembre del 2004.

7. H. A. Klauser, *Write It Down, Make It Happen* [Escríbelo y haz que suceda], Simon and Schuster, New York, 2000.

8. Marcus Buckingham y Donald O. Clifton, *Now, Discover Your Strengths* [Descubre ahora tu potencial], Free Press, New York, 2001.

9. David Ho, *Alexander Fleming*, actualizado el 29 de marzo de 1999. *Time Online*, www.time.com, consultado el 2 de diciembre del 2006.

Conclusión: Cómo convertir el segundo impulso en tu segunda naturaleza

1. Peter Drucker, *The Effective Executive* [El ejecutivo eficaz], HarperCollins, New York, 1993.

Agradecimientos

Quiero expresar mi más profundo agradecimiento a mi equipo de publicaciones: Scott Bolinder, Doug Lockhart, Bruce Ryskamp, Sandy Vander Zicht, Becky Shingledecker, Michael Ranville, Mark Rice, Lyn Cryderman, Stan Gundry, Joyce Ondersma, Jackie Aldridge, Mark Hunt, John Raymond, T. J. Rathbun, Jeff Bowden, Vicki Cessna, Sealy Yates, Kevin Small y Janice Lundquist. Como siempre, en este proyecto cada uno de ustedes ha recorrido la segunda milla una y otra vez a mi favor. Estaré siempre en deuda con ustedes.

Les Parrott
Seattle, Washington

Nos agradaría recibir noticias suyas.

Por favor, envíe sus comentarios sobre este libro

a la dirección que aparece a continuación.

Muchas gracias.

Editorial Vida®
.com

Vida@zondervan.com

www.editorialvida.com